# しごとの仕方の新時代

## 格差をこえる男と女

伊藤朋子　井部俊子　原山　哲　フィリップ・モッセ 編著

北樹出版

# はじめに

## ――会社中心の終わりのはじまり

しごとの世界は、変化しています。二〇世紀の後半は、社会が大きな会社の組織によって支配されるようになりました。これからも、しごとは、会社中心に、行われるのでしょうか。そして、しごとをすることは、自分さがしになるのでしょうか。

大きな組織は、義務教育だけでなく、高等教育を卒業した人々を必要とします。そこで得られる知識は、大きな組織にとって、モノツクリの理系だけでなく、組織のマネジメントの文系も含む、広い意味での「技術」と言えるでしょう。高等教育は、知識を獲得するためですが、また、知識を獲得する方法を身につけるところとして、不可欠となりました。

大きな組織は、「官僚制」と呼ばれる原則、すなわち、権限のヒエラルキーに依拠しています。そうでないと、大きな組織は調整できないのです。二〇世紀の前半までの日本は、行政機構をのぞけば、しごとをする場合、自営業が多く、大きな会社のような組織は少なかったのではないでしょうか。

そして、正社員と言われる安定した雇用で、生涯、同じ会社で勤務することが理想と考えられるようになりました。たいていの場合、しごとの知識は、学卒後は、経験や研修をとおして、組織のなかでのポジションの間の移動とともに、獲得されていくのです。ですから、高等教育を修了しなくても、それに対応する知識を獲得していくことが可能です。二〇世紀中葉までは、こういった安定した雇用は、ほとんどが男性に与えられていても、女性には与えられていませんでした。**大きな会社の男性中心のこのような雇用の保障という考え方が労使の間でコンヴェンション（協約）として確立された**のです。一九八〇年代までの日本は、こういった、しごとの仕方が、あたりまえのように考えられていました。

人々は、大半が、高等教育に進学するようになり、そして、ほとんどの人々が、会社という組織で、しごとをするようになりました。しかし、高等教育への進学には、競争の原則が重視されています。教育は、かならずしも、自分らしさ、個性の開花だけではないのです。そして、会社は、市場競争のなかで存続しています。この市場競争のなかで、会社は、組織を大きくリストラクチャーリングしたりします。そうなると、男性の安定した雇用は、しだいに、確かなものではなくなってきます。そして、会社という組織の内部においても、市場競争の原則が重視されてきます。しごとをする人々のポジションの間の移動は、競争の原則に依拠するようになります。

こういった状況に対抗するかのように、しごとに、自分らしさを求めることが、新しい世代、若者において、重視されてきているようです。前の世代、団塊の世代は、自分らしさよりも、モノツクリの技術の向上で、ひたすら、しごとを達成することを考えてきたのではないでしょうか。ところが、一方では、「ホリエモンの新資本主義」[1]にみられるように、市場競争という考えが、いっそう重視されるようになりました。他方では、若者たちは、しごとの達成や競争ではなく、自分らしさを、そして、自分らしさが得られる人間関係を求めるようになっています。しかし、そもそも、しごとでの自分さがしは可能なのでしょうか。

このような、**それぞれ異なる生き方は、そのなかから選択したり、それらの間の妥協を見出したりしていく必要があり、それは、多次元の生き方、と言ってよい**でしょう。

私たちは、社会学という考え方、および社会調査という方法によって、この問題を解くてがかりを探索しようと考えました。しごとでの自分さがしという問題は、なぜか、若い世代の男性によって指摘されることが多く、女性ではないようです。あたかも、女性のほうが、たやすく、自分をさがしてしまっているかのようです。多くの女性が、しごとに参加するようになり、しごとにおける男女の関係も大きく変わってきていると言えるでしょう。本書で提示されている社会調査の結果の分析と考察をてがかりにして、多くの人々が、みずから、問題を解いてくださることを願っています。

本書での社会調査にご協力いただいたのは、東京都の「ジョブカフェ」という若者の就業支援をしている東京しごとセンター・ヤングコーナー（東京しごと財団）に来ている若者の男女、東京圏で日産の自動車販売をしている男性が多数の人々（「カーライフアドヴァイザー」と呼ばれています）、そして、東京圏の大病院に勤務する看護師の女性が多数の人々です。

そこで発見したというより、あらためて確認できたことは、しごとにおいて、ライフスタイルをつくることに、仲間として、いっしょにかかわるということが重要ではないか、ということです。そういったことは、生涯同じ会社に勤務し、会社に自分を一体化することとは違うのではないでしょうか。

私たちは、日本を中心に問題を論じていますが、国際比較の視野から、とくにフランスの場合との比較から、考察を深めることを試みています。フランスの社会は、人々が大きな会社の組織でしごとをしている点は、日本と同じですが、日本と違って、人々は、同じ会社で生涯しごとをするよりも、会社を変えたりすることが多いのです。そして、フランスの女性のしごとへの参加は、日本よりも、はやくから進んでいました。フランス人が、同じような職種や関連する職種で、会社を変えていくことができることは、これからの日本のしごとの仕方として、参考になるでしょう。それで、私たちは、二〇〇八年五月、日仏交流一五〇周年記念事業・シンポジウム「若者のしごとの世界、フランスと日本」を開催しましたが、本書の執筆は、このシンポジウムがきっかけとなっております。(2)

この研究にご協力くださいました方々、とりわけ、東京しごと財団の長崎純一氏と大庭利江子氏、全日産販売労働組合、および聖路加国際病院看護部の方々に、厚く感謝いたします。また、シンポジウム「若者のしごとの世界、フランスと日本」の開催にご協力くださいました、フランス大使館の経済部に御礼申しあげます。

二〇一〇年六月　　編者記す

（1）堀江貴文著『ホリエモンの新資本主義』二〇〇五年
（2）本書は、以下の研究プロジェクト（代表：原山哲）の成果に依拠しています。
＊文部科学省・科学研究費（基盤研究（B））「若年層における非正規雇用と社会参入に関する組織領域間の比較研究」（二〇〇七年〜二〇一〇年）
＊笹川日仏財団助成事業「日仏における若者の社会参入と雇用のガヴァナンス」（二〇〇八年）（日仏交流一五〇周年記念事業参加）
＊文部科学省・科学研究費（挑戦的萌芽研究）「ブルデューの界・領野の理論の展開と労働の社会的承認の日仏比較研究」（二〇〇九年〜二〇一一年）

目　次

# 1

＊ ＊

# 社会は多次元である

## ――ブルデューの階級社会論を批判しよう

一九九〇年代から、人々の間の社会的格差について、多くのメディアをはじめ、社会科学の研究者においても、議論されることが多くなりました。一九八〇年代までは、中流社会について議論されることが多かったので、これは、大きな変化です。格差は、社会科学では、不平等(inequality)、あるいは階層(stratification)と言い、家族をとおして親から子へと、不平等が継承されると、階級(classes)と言われています。

ところで、格差という言葉自体が、社会が「偉大さ」と「悲惨さ」とに一次元的に区分されるという仮説を前提にしています。このような前提に立ってしまうと、自分さがしは、「偉大」の側の人々にはあっても、「悲惨」の側にはないことになります。そして、自分さがしは、自分だけでなく、他者との関係において可能となるとしたら、人と人との関係は、「偉大」の側の人々が独占してしまうのでしょうか。

本書の理論的背景となっている多次元のアプローチによる社会科学の理論は、一次元的なアプローチへの批判、つまり、一次元的な階級の区分の世代から世代への継承の傾向に焦点を置く、これまでの理論の批判です。

それは、格差の状況、すなわち、社会が「偉大さ」と「悲惨さ」とに一次元的に区分されることから脱却して、多次元の領域の間における関連をつくり、さらに新しい領域の発見と生成をさがす試みです。

## 1．偉大であること、悲惨であること

二〇世紀後半に活躍したフランスの社会学者、P・ブルデュー（P. Bourdieu）は、文化の視点から階級社会について論じました。彼は、ディスタンクシオン（distinction）、すなわち階級間の区分がどのように形成されるかを解明しています。すなわち、一方におけるエリートによる文化の領有と、他方におけるノン・エリートの文化からの排除、といった区分を明らかにしようとしたのです。

ここで、文化を、高等教育もふくむ学校で習得する文化であるとしましょう。文化は、学校以前に、家族において習得されるのですが、エリートは、ノン・エリートよりも、家族において、自分たちの子供に、学校での習得に有利な文化を、習得させていると想定しましょう。さらに、学校で有利に文化を習得すると、企業においても有利に文化を習得できると想定しましょう。いったん、家族で有利に文化を習得しますと、その人の生涯において有利に文化を習得していけそうです。

このような社会は、文化が学校を中心につくられるようになっているので、「学校化社会」(schooled society)と言えます。(1)

なぜ、ブルデューは、こういった文化の格差を中心にした見方をするようになったかは、いろいろな推測がされています。ブルデューは、フランスの南のベアルヌという地方の田舎町の出身で、父親は郵便局に勤務していたと言われていますが、中等教育を終えると、人文系の分野でのエリートの養成のためのパリ高等師範学校に入学します。パリ高等師範学校の生徒たちのほとんどが、パリの上流中間層の出身でしたから、若きブルデューは、彼らとの隔たりを感じたと考えられます。パリジャンの言葉や、対人関係での振舞い方だけでなく、パリで生活しなければ知ることのできないコスモポリタンな文化に触れたショックは、過小に評価できないのではないでしょうか。

家族において習得される文化を、ブルデューは、「**ハビトゥス**」(habitus)と呼びます。ハビトゥスは、家族において形成され、**世代から世代へと、継承、再生産する確率**が高いと想定されます。つまり、エリートは、文化を有利に習得するハビトゥスを持っているが、ノン・エリートは、そういったハビトゥスを十分に持たないとされます。この意味で、ハビトゥスは、一種の資本のようにみなすことができますから、「文化資本」(capital culturel)と呼ぶことができます。人々は、この文化資本によって、偉大であることと（grandeur）、悲惨であること（misere）に区分されることになります。

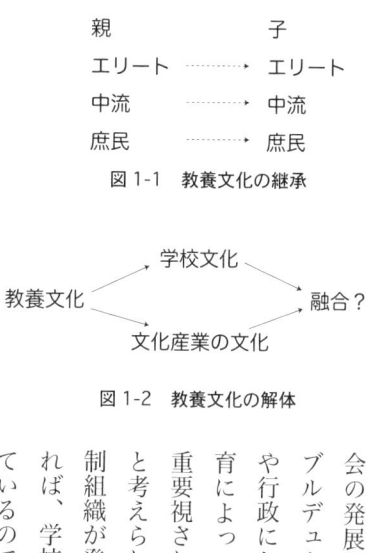

　しかし、このような区分は、そもそも、世代から世代へと、どの程度、継承されるのでしょうか。ブルデューは、この継承を「再生産」（reproduction）と呼びます（図1－1参照）。[2]

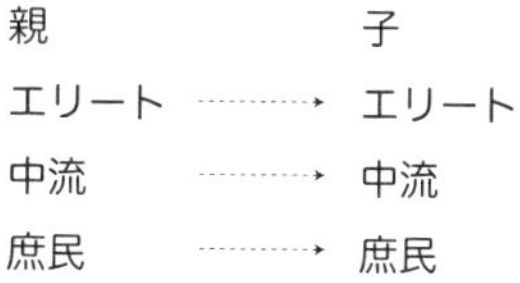

図 1-1　教養文化の継承

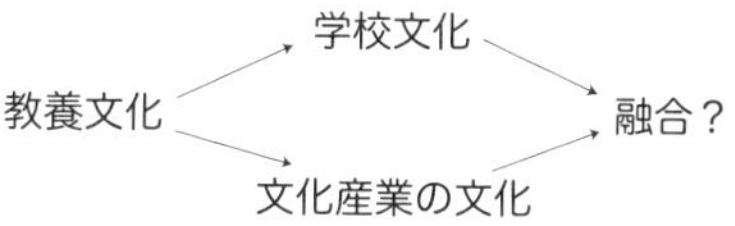

図 1-2　教養文化の解体

　しかし、ブルデューは、彼の両親から知識人になるための文化を継承したのでしょうか。そうではなくて、ブルデューは、学校化という新しい社会の発展に、適応していったのではないでしょうか。ブルデューの青春時代は、文化の学校化が進み、企業や行政において官僚制組織が発展するなかで、学校教育によって得られる文化、ディプロマ（卒業資格）が重要視されるようになる、二〇世紀後半の社会だったと考えられるのです。学校文化は、企業や行政の官僚制組織が発展してこそ、意味があるのです。言い換えれば、学校の延長に会社があり、両方の文化は近似しているのです。他方、二〇世紀後半は、学校文化とは別に、文化産業による大衆文化が、著しく発展します（図1―2）。しかし、学校も、高等教育もふくめて、もしかしたら、ビジネスであり、文化産業になっているのかもしれません。

## 2．オールターナティヴ・セオリー

本書のアプローチですが、最初に触れたアカデミックな理論の背景について述べておきたいと思います。

P・ブルデューは、パリ高等師範学校を出たのち、一九六〇年以前に、アルジェリアで失業者たちの調査研究を行います。そこで、アルジェリアは、地中海をへだてた、自分の生まれ故郷ベアルヌに、なにかが似ていることを発見します。アルジェリアからパリに戻ってからは、階級の再生産の研究に専念し、フランスのエリートを養成する高等教育の問題について論じますが、一九九〇年代の晩年になって、移民の人たちが多く住むパリ郊外の若者についての調査研究に取りかかろうとします。フランスの偉大に対するアルジェリアの悲惨は、パリの偉大に対するベアルヌの悲惨であったのでしょうか。偉大と悲惨との問題は、パリの中心の偉大に対するパリの郊外の悲惨へとつながります。

ブルデューは、学校と会社との文化の関連をみます。その関連は、パリ対地方、フランス対アルジェリア、という偉大と悲惨との対比において、世代から世代へと再生産されるのです。ですが、家族で形成される教養文化が解体し、学校文化が発展したからこそ、ベアルヌ地方の出身のブルデューも、勉強することで、パリ高等師範学校に入学できたのではないでしょうか。そして、文化産業による大衆文化は、階級区分をこえて広がっていきます。モリエールの演劇は、パリでしか観ることはできないかもしれませんが、ヌーベル・ヴァーグの映画は、地方でも観れるのです。

あくまでも、ブルデューは、階級区分の再生産の問題に焦点を置くことを変えなかったのですが、そうすることで、むしろオールタナティヴな理論を生み出す基礎を準備したのかもしれません。(3)

このオールタナティヴな理論として、私たちは、西ヨーロッパで出現した、別のアプローチ、「文化のレパートリー」(cultural repertoires) あるいは「コンヴェンション」(conventions)(協約) の理論によって考えることを試みようと思っています。

「文化のレパートリー」は複数あって、そのなかから、人々は選択することができるものです。すなわち、それについて理論の知は、市場競争、技術の適用だけでなく、それ以外に、自分さがしや他者からの承認もふくめた、多次元の領域、多次元の文化のレパートリーの関係を考察しようとする理論です。

「コンヴェンション」は、変わらない規則なのではなくて、対立、妥協によって、新たに構想されることのできるものと考えられています。「コンヴェンション」は文化ですが、たんに継承される文化ではなくて、人々が場所を共有するために、たえず構想し、変えることのできる文化です。(4)

ヨーロッパで中流の上層の家族において形成されていた教養文化（culture cultivée）は、ブルデューの時代は、ほぼ崩壊していたと考えられます。かわりに出現したのは、国家主導による学校化された文化です。フランスの学校化された文化の中核は、数学とラテン語です。そして、ヌーヴェル・ヴァーグのシネマのように、文化産業によってつくられる大衆文化も生成します。ブルデューは、青春時代に、この教養文化の崩壊の時代に生きたからこそ、学校化文化に適応したと言えるかもしれません。学校化された文化や、文化産業による文化は、子の世代になると、親の世代の文化をこえて、広がっていくからです。

## 3．語りとしての再生産

ブルデューが論じた、世代から世代への継承である「再生産」とは、人間が死という宿命をのがれられないかぎり、みずからの死のあとも、みずからの継承を願うことを意味していることなのかもしれません。

それは、実際に、ある程度、現実化することができるかもしれませんが、他方、願いは、しばしば、現実化が難しいかもしれません。エリートの子供がエリートになるとは限らないからです。また、その反対に中流の出身の人が、エリートの仲間入りするかもしれません。こういった事実は、世代間の階層移動として、統計的手法によって研究することができます。

他方、人々は、みずからの、世代から世代の継承について、先祖はサムライだったとか、あやふやな根拠によって、エリートに属しているかのようなナラティヴ（語り）をつくりあげたりするかもしれません。それゆえ、「再生産」とは、長い数世代の連鎖の継承ということになると、神話というほかはないでしょう。もしかしたら、「再生産」の社会学も、一つの神話かもしれないのです。

ブルデューには、三人の息子がいますが、その一人にエマニュエル・ブルデューがいます。エマニュエル・ブルデューによると、彼の幼いころ、父親のピエール・ブルデューは、家族のようすを、8ミリカメラで、映像によって記録していた、ということです。エマニュエルは、それは、父親による「再生産」についての、映像の表象の生産である、と言っています。表象は、現実かもしれませんが、現実ではないかもしれません。なぜなら、表象は、多様な視点からの選択でしかないからです。

ピエール・ブルデューは、「再生産」について、映像の手段によって社会学をしようとしたのでしょうか。

息子のエマニュエル・ブルデューは、父親のフィルムを映してみたり、また、それをヴィデオに取り直したりして遊びます。彼は、この遊びを、一九五〇年代のルネ・クレマンの映画「禁じられた遊び」から、「禁じられた再生産」と呼びます。

その映像による表象は、意味があるとすれば、家族の内部においてだけであったのですが、二〇〇四年、フランス・アルト放送の番組で放映され、家族の外部においても、一般の目にさらされます。[5]

エマニュエル・ブルデューは、父親と同じ、パリ高等師範学校を卒業し、中等教育の教員資格を取得しますが、その後、道を転じて、現在、映画の製作に取り組み、文化産業の世界での活躍が期待されているようです。

## 4．ライフスタイルをつくる

家族による継承に依拠した教養文化を、学校教育は解体します。むろん、ブルジョワの子弟が、労働者の子弟より、学費など、学校教育の競争において有利になることはなくなりませんが、それでも、学校がすべての人々に開かれるようになっていることは確かです。

文化産業も、同じように、すべての人々に享受されていきます。文化産業の生み出す文化は、学校のカリキュラムで決められた文化ではなく、新しい創造性を感じさせます。映画は、その代表的なものの一つでしたが、その映画について語る仲間の人間関係も生まれたでしょう。

文化の習得は、家族から継承されたものによって、生涯が、ほぼ、決められるのでしょうか。たしかに、ブルデューが考えるように、現代社会は、二〇世紀半ばまでの社会とは違って、財産を子供に相続させるかわりに、両親は、子供の教育に、努力やお金を投資しますから、財産の相続よりは、文化の継承の重みが増大しているようにみえます。

このような階級の文化を中心とした再生産の考えに対して批判がされています。フランスのL・ボルタンスキー（L. Boltanski）やP・モッセ（P. Mossé）の社会経済学、またアメリカのM・ラモント（M. Lamont）の文化社会学の立場からは、人々は文化の領有と排除、偉大と悲惨との一次元に区分されるのではなく、社会には異なる**「文化のレパートリー」**（cultural repertoires）があって、人々は、それらを選択していると考えられています。

家族において、親子の親密な関係をつくることと、親が子供に文化を習得させることとは、同じことでなく、両者は対立することが多いのではないでしょうか。つまり、両者は、異なる文化のレパートリーなのです。現代の教育は学校化されていますから、両親は、子供が学校で成功するよう期待して、子供を叱ることで、親子の親密な関係を犠牲にしているのではないでしょうか。

そこで、ボルタンスキーらは、ブルデューの理論について、家族、地域社会、学校、市場、企業などの**多次元の領域**（fields）の関係を見落としていることを指摘します。

社会は、異なる領域により構成され、それぞれの領域で適した文化のレパートリーがあると考えられます。家族や地域社会では、**親しい人間関係**（proximity）が重要ですが、学校、市場、企業では、むしろ、競争（competition）と技術（technique）による達成（fulfillment）が重要になってきます。

学校も会社も、まじめに勉強し、まじめにしごとをする、ということが重要です。この「まじめに」というのは、さだめられた規則に従うことです。こういったハビトゥスは、これからの社会においても、重要なのでしょうか。むしろ、さだめられた規則だけでなく、さまざまな人間関係をつくることが、重要になっているのかもしれません。

たとえば、市場で車を売ることを考えてみましょう。一九七〇年代に、日産自動車が、二人の恋人が乗る車のCM「ケンとメリーのスカイライン」をつくり、日産自動車販売の「カーライフアドヴァイザー」の人たちが、車を売るしごとをしたとき、新しいライフスタイルの創造を感じ、車を買うクライアントと、そのライフスタイルを共有する仲間になったのではないでしょうか。[6]

あるいは、医療は、病気をなおす技術だけでなく、一人ひとりの生活の質（quality of life）全体というライフスタイルにかかわっています。このように、医療の視点が、クライアント本位に転換すれば、医療者

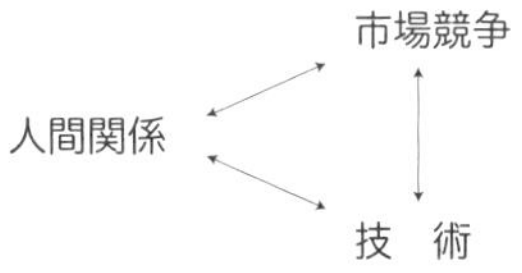


図 1-3　多次元の生きかた

は、クライアントとともに、生活の質を考える仲間であるでしょう。こういったことは、医師よりも、ますます看護師の役割となるのではないでしょうか。

## 5．対立のなかに妥協をさがす

現代の若者たちが直面している状況は、異なる領域にかかわること、すなわち、家族、地域社会の親しい人間関係にかかわりながら、学校、市場、企業での競争や技術による達成にもかかわることです。それは、男性も女性もほとんど同じで、ジェンダーの伝統的な差がないように思われます。

若者たちにおいて、親しい人間関係を重視する文化のレパートリーは、競争や技術による達成を重視する文化のレパートリーと対立します。人は、成長するにつれて、この一方の領域から他方の領域への移行を果たしながら、一方から他方の文化のレパートリーを習得していきますが、そこにおいては、社会の異なる領域の間、異なる文化のレパートリーの間に対立に対して妥協の関係をつくることが必要です。

つまり、それは、**多次元の文化の間に妥協をさがす**ことなのですが、この妥協の様式は、多様な可能性があると言えます。文化のレパートリーの習得における対立と妥協は、ブルデューによるハビトゥスの習得の世代間の継承の想定のモデルは、もはや適切ではないということを示しているのではないでしょうか。

しかし、妥協は、しばしば簡単ではないと言えるでしょう。一方では、現代の家族は親密な関係を重視する小さな領域になり、親密な関係だけに「ひきこもる」ことも、あまり楽しいことではありません。そして、他方では、学校、さらには市場、企業での競争や技術を重視した達成が過剰に強調され、そこで親しい人間関係がなくなると、自分を見失いがちになるのではないでしょうか。

もしかしたら、家族、地域社会、学校、市場、企業の間に境界がなくなり、自由に広がってつくられる、友だちのような人間関係、ネットワークが、必要になっているのかもしれません。

## 6．多次元の生き方さがしは、まず、言葉で表現すること

東京都のジョブカフェである東京しごとセンター・ヤングコーナーの就職相談に訪れる若者

たちは、男女どちらも、しごとのやりがいは「人に感謝されるとき」、難しさは「人間関係」という返事が多く見出されます。この場合のポジティヴな人間関係は、自分が他者から認められることです。ネガティヴな人間関係は、自分が認められないことです。多くの若者たちが、しごとのやりがいとして、他者から承認されることを求めているのではないでしょうか。

私たちは、ジョブカフェの若者の男性、女性だけでなく、さらに、自動車販売のディーラー（カーライフアドヴァイザーと呼びます）、看護師の人たちにも、コミットメント、やりがい、難しさなどのテーマについて、自由記述の回答を記入してもらう、という仕方で、調査を実施し、その回答を質的に分析することを試みました。これらの四つのグループは、本書では、しばしば、ジョブカフェの若者の男性＝YM（Young Men）、女性＝YW（Young Women）、カーライフアドヴァイザー＝CLA（Car Life Advisers）、看護師＝NRS（Nurses）というように記号で示すことにします。

やりがい、難しさは、あるしごとにコミットメントをするからこそ、重要になります。コミットメントとは、かかわることです。経済学的には、人の人生のなかのある部分の投資です。どのように、かかわるか、それは、言葉によって表現される、と考えることができるでしょう。

しごとで、やりがいを感じるときは、「車が売れたとき」と、カーライフアドヴァイザーは、言います。反対に、難しいと感じるときは、「車が売れないとき」です。カーライフアドヴァイザーとは、自動車の販売で、購入しようとするクライアントに向き合って、説明したりする人です。他方、看護師の場合、やりがいを感じるのは、「患者さんが元気になったとき」で、反対に、難しさを感じるのは「患者さんの死」のときです。しごとの場所は、クライアントの身体の状況と、それに対する技術の適応であるケアがなされるところであると言えます

言葉による表現は、そこに、人々の場所をつくります。言い換えれば、言語による表現がされなければ、場所はつくることはできないのです。哲学者L・ヴィトゲンシュタインによると、言葉で表現されないことは、存在しないことなのです。

私たちが調査によって試みたことは、たんに、人々の考えていることについて明らかにしようとしているのではありません。これまで日常において、言葉にされていたこと、そして、言葉にされていなかったことも、調査で問いを投げかけることで、言葉にするよう提案しているのです。それは、潜在的なものを顕在化する言語のゲームと言えるかもしれません。(7)

## 7．しごとで自分が承認されることは必要か？

ジョブカフェの男性の若者からの回答で、「ジョブカフェなんかにやりがいのある仕事なんかない」という記述がありました。ジョブカフェは、若者の就業相談をしているところで、そこで、納得がいくしごとがみつからなかったのでしょう。ジョブカフェで実施した調査に、匿名ではありますが、「やりがいのある仕事なんかない」というのは、よくぞ言ってくれた、という回答でしょう。一般的には、そう思っている場合でも、回答なし、ということになることが多いのです。

若者たちが、しごとにおいて、自分が他者から承認されることを求めているとすれば、それは意味のないことなのではなくて、他者からの自分の承認の可能性が、むしろ、市場の競争や企業の技術の適用によって、危うくなっているからなのではないでしょうか。

カーアドヴァイザーのように、「車が売れたとき」、「車が売れないとき」という回答は、しごとの場所が市場である、ということを意味しています。市場は、自由な競争において、モノやサーヴィスが価格という尺度によって評価されるところです。

医療の場所は、フランスの精神科医で哲学者のM・フーコーによれば、人間における、生きること、病気になること、死ぬこと、三つが関連しているプロセスについての技術を適用するところです。このような個としての身体に関する技術の問題に看護師は、医師や他の医療者とともにかかわっています。

カーアドヴァイザーの場合のように、モノやサーヴィスの市場での販売での成功は、自分が認められることと同じことなのでしょうか。また、看護師の場合のように、技術の適用での成功も、自分が認められることと、同じことでしょうか。しかし、それらは、必ずしも同じことではなく、対立することがあるのですが、妥協し、どれかを完全に排除してしまうことも、できないのではないでしょうか。

ジョブカフェの若者に限らず、誰でも、自分が他者から認められることを求めるのは、あたりまえのことなのかもしれません。カーライフアドヴァイザーでも、やりがい、難しさは、「お客に感謝されたとき」、「お客からクレームがされたとき」という回答もあるのです。看護師の場合でも、「患者に感謝されたとき」、「患者にこちらの思いがつたわらないとき」という回答が見出されます。

市場での競争や技術の適用は、しごとの場所をつくるのに重要です。しかし、現代の社会は、自分が他者から認められることの重要性が、忘れられているのかもしれません。社会学では、自分が形成されるのは他者との共感の関係においてである、と考えられています。人が人生のはじめに自分が形成される関係は、親しい、家族や友人の関係ですが、このような関係でつくられる集団を、社会学では、プライマリー・グループ（primary group）と呼んでいます。(8)

しごとにおいても、人生のいつにおいても、プライマリー・グループは必要なのかもしれません。そうしますと、しごとの場所は、市場での競争や、技術の適用だけでなく、多次元の領域、多次元の文化のレパートリーでつくられる、と言えます。

しごとがどのようなものか、によって、このような多次元の領域、多次元の文化のレパートリーのあり方は左右されるでしょう。しごとの場所をつくることは、このような多次元の領域、多次元の文化のレパートリーの間の妥協の仕方の発見であると言えます。

本書で取りあげる、ジョブカフェの若者男性、若者女性、カーライフアドヴァイザー、看護師、の四つのグループのプロフィールは、異なる文化のレパートリーを示しています。これらの文化のレパートリーは、四つのグループに特有というのではなく、現代のしごとの場所のつくり方として、あらゆる人々にとって、偏在していることであると言えます。

（原山哲）

（1）上野千鶴子著『サヨナラ、学校化社会』二〇〇八年、筑摩書房、参照。

（2）P. Bourdieu, *La distinction, critique sociale du jugement*, 1979, Paris, Eds Minuit.

（3）一九九三年三月四日、ヨーロッパ社会学センターで、原山哲が行ったP・ブルデューとのインタヴューによる。

（4）「文化のレパートリー」「コンヴェンション」の理論は、二〇世紀末に、L. Boltanski、L. Thévenotらのフランスの社会学者、M. Lamontらのアメリカの社会学者によって開始された。経済学では、P. Mosséが挙げられる。

（5）E. Bourdieu, *Reproduction interdite, Mes parents*, 2005, Paris, Descalee de Brouwer.

（6）King Record「スカイラインCMコレクション」DVD、二〇一〇。

（7）「言語ゲーム」とは、L・ヴィトゲンシュタインの用語である。社会学の調査は、ある対象を実証主義的に研究するというより、あるトピックを提示することで言語の表現の機会を与えるという意味で、言語ゲームと言える。

（8）プライマリー・グループの理論は、二〇世紀はじめ、ドイツのG. Simmelの影響を受けたアメリカの社会学者C. H. Cooleyによって提唱された。

# 2

＊ ＊

# しごとへのコミットメントのゆらぎ

安定した雇用でしごとをすることは、どうしたら、できるのでしょうか。それは、大きな会社で正社員となることなのでしょうか。ジョブカフェという若者の就職活動をサポートする公的機関では、多くの若者は、正社員でしごとをすることを希望しています。正社員というのは、従来は男性のしごとへのコミットメント（かかわり）の仕方でした。女性は、正社員であっても、結婚してしごとを辞める「寿退社」が多かったのです。

正社員になることは、自分さがしに必要なのでしょうか。正社員というのは、会社と運命をともにすることであるなら、正社員になったら、自分さがしができなくなるのではないでしょうか。自分が、会社と運命をひとつにするのではなく、安定したしごとの仕方が必要なのではないでしょうか。

自動車販売のカーライフアドヴァイザーは、九割が男性で、正社員として、同じ会社でしごとを続けることが一般的なようです。女性が多数派の看護師は、東京の大病院では、正職員であっても、三年で辞めることが多かったのが、しだいに長く勤務するようになってきています。もしかしたら、同じ会社に生涯にわたって勤務しなくても、安定した雇用でしごとができるのかもしれません。それが可能になるために、若い世代の、しごとへのコミットメントは、ゆらいでいるのでしょうか。それは、多次元の間のゆらぎなのではないでしょうか。

若者たちにとって、正社員であろうとなかろうと、自分さがしのために、雇用を変えることが重要なのかもしれません。カーライフアドヴァイザーは、もしかしたら、お得意様のクライアントとの関係とともに、会社を変えることができるようになるでしょうか。五章で言及するように、フランス人は、市場競争が優位していて、同じメーカーの車を購入し続けるといいことはないので、ディーラーとクライアントとの関係は、会社に依存していません。看護師は、さまざまな技術の適用を、しごとの関係においてコーディネイトできることが期待されていきます。このようなコーディネイトの資格が形成されれば、雇用がフレキシブルになることができるかもしれません。

## 1．かかわることを求める男——Young Men

ジョブカフェとは、二〇〇三年に、国により、若い人たちの就業支援の場所として設置が決められ、現在、全国の県に存在しています。そこでは、若い人たちのために、就業のための情報提供、カウンセリング、セミナーが行われています。

東京都のジョブカフェである東京しごとセンター・ヤングコーナーでは、毎日三〇名以上の

表2-1　ジョブカフェの男性　回答した人たち

| 年　齢 | 男　性 |
|---|---|
| 25歳以下 | 45 |
| 26歳以上 | 60 |
| 合　計 | 105 |

人々が訪れています。そこで、一週間の間に来られた人たちのうち、ほぼ九割から、回答を得ました。ジョブカフェの利用者は、一五歳以上で三五歳未満ですが、来られた人たちは、男性で、一七歳以上三四歳までで、二五歳以下の年齢層が四五名、二六歳以上が六〇名で、二六歳以上の年齢層が多くなっています（表2−1）。

なお、ジョブカフェに来られた女性については、次節2．で検討しますが、やはり九割が一週間の間に回答されています。しかし、実数にしますと男性の半分の五四名です。また、年齢層でみますと、男性とは反対に、二五歳以下が多くなっています。

年齢階層で、二五歳以下の人たちと、二六歳以上の人たちとについて、以下で、しごとのコミットメントを検討してみますが、両者の年齢層で、大きな隔たりはありません。

＊組織にかかわること

調査に回答された男性のほとんどの人たちは、就学年数で推察しますと、高校卒業後、専門

表 2-2　ジョブカフェの男性　就学年数

| 年齢 | 高校卒後<br>0 年〜 1 年 | 高校卒後<br>2 年〜 3 年 | 高校卒後<br>4 年以上 | 回答<br>なし | 合　計 |
|---|---|---|---|---|---|
| 25 歳以下 | 4 | 12 | 27 | 2 | 45 |
| 26 歳以上 | 0 | 7 | 52 | 1 | 60 |
| 合　計 | 4 | 19 | 79 | 3 | 105 |

学校、短大、大学に進学しています。一〇五名中、七九人が、すなわち大部分の人たちが大学を卒業するか、就学していたと考えられます（表2-2）。

これまで経験してきたしごとは、各回答者が複数回答していますが、一〇六の回答のうち四七の、ほぼ半数が、正規雇用、つまり正社員で、また、ほぼ半数が、非正規雇用です。回答なし、は、これまでしごとをしたことがない場合も含まれています（表2-3）。

正規雇用、非正規雇用のいずれにおいても、新たにしごとをさがしている、と言えます。学卒後、ただちに正社員として就職し、その後、転職することがない、というトラジェクトリーは、日本社会の就業の仕方として、これまで考えられてきたわけですが、これが、過去の仕方になりつつある、ということがうかがえます。ジョブカフェは、学卒後しごとを経験してからでも、また、新たに、しごとをさがすことができるようにする、あたらしい就業の仕方をつくるためのところとなっています。

表 2-3　ジョブカフェの男性　これまでの雇用形態　（複数回答）

| 年齢 | 正規雇用 | 非正規雇用 | 回答なし | 合　計 |
|---|---|---|---|---|
| 25 歳以下 | 19 | 22 | 4 | 45 |
| 26 歳以上 | 28 | 27 | 6 | 61 |
| 合　計 | 47 | 49 | 10 | 106 |

表 2-4　ジョブカフェの男性　これまでのしごと　（複数回答）

| 年齢 | 営業・事務・企画 | それ以外 | 回答なし | 合　計 |
|---|---|---|---|---|
| 25 歳以下 | 10 | 36 | 3 | 49 |
| 26 歳以上 | 22 | 39 | 5 | 66 |
| 合　計 | 32 | 75 | 8 | 115 |

これまでのしごと内容は、一人が複数回答していますが、一一五の回答のうち、「営業」、「事務」、「企画」といった組織に関連したしごとが、三二で、全体の三分の一を占めています。それ以外では、「コンビニ」、「ウエイター」など個人サービス関係のしごとが多く、「塾講師」、「障害者施設」のしごとなどの若干をふくめますと、七五で三分の二を占めています（表2-4）。

これから就こうとしているしごとの雇用形態は、ほとんどが「正社員」で正規雇用です。つまり、正規雇用と非正規雇用とが、社会的地位として認識されるようになっているのではないか、と言えます。すなわち、異なる雇用形態が、人々の自由によって選べるというよりも、正規雇用のほうが、非正規雇用より、望ましいと考えられています（表2-5）。

これから就こうとしているしごとの内容は、一人が

表 2-5　ジョブカフェの男性　これからの雇用形態（複数回答）

| 年齢 | 正規雇用 | 非正規雇用 | 回答なし | 合　計 |
|---|---|---|---|---|
| 25 歳以下 | 43 | 0 | 2 | 45 |
| 26 歳以上 | 57 | 3 | 1 | 61 |
| 合　計 | 100 | 3 | 3 | 106 |

表 2-6　ジョブカフェの男性　これからのしごと（複数回答）

| 年齢 | 営業・事務・企画 | それ以外 | 回答なし | 合　計 |
|---|---|---|---|---|
| 25 歳以下 | 24 | 22 | 4 | 50 |
| 26 歳以上 | 39 | 22 | 4 | 65 |
| 合　計 | 63 | 44 | 8 | 115 |

複数回答していて、一一五の回答のうち、「営業」、「事務」、「企画」といった組織に関連したしごとが、六三で、全体の過半数を占めています。これまで就いていたしごとの内容と比較すると、組織に関連したしごとの割合が多くなっています。

それ以外は、四四で半数を占めていませんが、「自分にあった仕事」、「自分の夢」など自分の実現にかかわる内容、「時間に拘束されない」、「裁量のある仕事」など労働条件にかかわる内容が留意されます。ですから、それ以外の回答は、回答なしと同じく、まだ、これからのしごとの内容について未定であることを意味していると言えます（表2-6）。

言い換えれば、しごとにコミットするのは、まず、組織であると、半数が考えています。しかし、このような組織へのコミットを考えていない人たちも半数います。

表 2-7　ジョブカフェの男性　家族の状況

| 年齢 | 未婚 | 既婚・子供なし | 既婚・子供あり | 合計 |
| --- | --- | --- | --- | --- |
| 25歳以下 | 45 | 0 | 0 | 45 |
| 26歳以上 | 60 | 0 | 0 | 60 |
| 合計 | 105 | 0 | 0 | 105 |

## ＊しごとへのコミットメントが結婚への前提

大半が、これから組織にかかわることを考えていると言えますが、家族の状況はどうでしょうか。回答した全員が未婚で、しごとにコミットすることが、結婚への前提とされているようです（表2-7）。

また、世帯の状況をみますと、七割が親と同居していますが、二五歳以下と、二六歳以上で年齢層の差異もみられません。親との同居が多いのは、ひとつには、かつての高度経済成長期のような都市化による人口の移動が少なくなっていることによるのかもしれません（表2-8）。

このように、男性の場合、しごとへのコミットメントを、とくに組織に求めている、組織へのかかわりを求めているわけですが、家族へのコミットメントは、しごとへのコミットメントを実現することによって変化していくと言えるのかもしれません。

表 2-8　ジョブカフェの男性　世帯の状況

| 年齢 | 親と同居 | 単身 | 合計 |
|---|---|---|---|
| 25 歳以下 | 35 | 10 | 45 |
| 26 歳以上 | 38 | 22 | 60 |
| 合計 | 73 | 32 | 105 |

＊知識は個人で

ジョブカフェの男性の人たちは、これから就こうとする、しごとのために、どのように学んでいるのでしょうか。

大半が大学に就学したことのある人たちですから、一人で複数のカテゴリーに回答している場合がありますが、全体の一一九のうち、七五が雑誌、本、インターネットという個人での知識のアップデイトです。

就職先の会社で学ぶという回答は少なく、また、専門学校、ジョブカフェでのセミナーなど、会社外という回答も、二八と多くはありません。

言い換えれば、学ぶことは、組織にかかわることと並行しているということがうかがえます。つまり、組織へのコミットメントが実現されるまでは、個人での学習が主であるということです。

しかし、このような個人での知識のアップデイトの仕方は、新たにしごとをさがすためには、楽観できないのではないか、と言えます。

表 2-9　ジョブカフェの男性　知識のアップデイト（複数回答）

| 年齢 | 会社内 | 会社外 | 雑誌、本、インターネットなど | 回答なし | 合計 |
|---|---|---|---|---|---|
| 25 歳以下 | 6 | 11 | 29 | 2 | 48 |
| 25 歳以上 | 3 | 17 | 46 | 5 | 71 |
| 合計 | 9 | 28 | 75 | 7 | 119 |

つまり、会社外での知識のアップデイトの仕方が、もっと多くなる必要があるでしょう。

知識は、個人の私的な世界ではなく、社会の公的な世界で得られてこそ、承認を得られることになるでしょう。会社内、会社外を横断する知識のアップデイトが、もっと、考えられてよいのではないでしょうか（表2−9）。

以下では、しごとへのコミットメントについて、若者の女性のグループについて、男性と比較し、また、カーライフアドヴァイザーや、看護師、という他のグループとも比較してみましょう。

（伊藤朋子）

## 2．たやすく社会参入する女——Young Women

東京都のジョブカフェである東京しごとセンター・ヤングコーナーに来られた女性では、男性とおなじように、九割が一週間の間に回答されていますが、その実数は男性の半分の五四名です。また、年齢層でみますと、男性が二六歳以上が若干多いのに対して、二五歳以下が多くなっています。つまり、ジョブカフェに来られる女性は、男性の半分、それも男性より若いと言えます（表2－10）。

年齢階層で、男性の場合もそうでしたが、二五歳以下の人たちと、二六歳以上の人たちとについて、以下で、しごとのコミットメントを検討してみますが、両者の年齢層で、大きな差は見出されません。

表2-10　ジョブカフェの女性回答した人たち

| 年齢 | 女性 |
|---|---|
| 25歳以下 | 33 |
| 26歳以上 | 21 |
| 合計 | 54 |

### ＊男性と同じにかかわるのか

調査に回答された女性の人たちについて、就学年数で推察しますと、ほぼ全員が高校卒業後、専門学校、短大、大学に進学しています。五四

表 2-11　ジョブカフェの女性　就学年数

| 年齢 | 高校卒後<br>0年〜1年 | 高校卒後<br>2年〜3年 | 高校卒後<br>4年以上 | 回答なし | 合　計 |
|---|---|---|---|---|---|
| 25 歳以下 | 1 | 11 | 19 | 2 | 33 |
| 26 歳以上 | 0 | 3 | 16 | 2 | 21 |
| 合　計 | 1 | 14 | 35 | 43 | 54 |

表 2-12　ジョブカフェの女性　これまでの雇用形態　（複数回答）

| 年齢 | 正規雇用 | 非正規雇用 | 回答なし | 合　計 |
|---|---|---|---|---|
| 25 歳以下 | 11 | 14 | 9 | 34 |
| 26 歳以上 | 13 | 9 | 1 | 23 |
| 合　計 | 24 | 23 | 10 | 57 |

名中、三五人、すなわち七割の人たちが大学を卒業するか、就学していたと推察されます（表2-11）。

　これまでのしごとは、各回答者が複数回答で、五七の回答のうち、二四の、ほぼ半数近くが、正規雇用、つまり正社員です。また、同じく、ほぼ半数が、契約、派遣、パートタイム、アルバイトの非正規雇用です。回答なし、は、これまでしごとをしたことがない場合もふくまれます（表2-12）。

　これまでのしごと内容は、一人が複数回答での五六の回答のうち、「営業」、「事務」、「企画」といった組織に関連したしごとが二三で、全体の半数ちかくを占めています。男性と比較すると、「営業」、「事務」、「企画」の割合が多くなっています。それ以外では、「レストラン」、「販売」など個人サービス関係のしごとが多く、「歯科助手」、「障害者施設」のしごとなど

表2-13　ジョブカフェの女性　これまでのしごと　（複数回答）

| 年齢 | 営業・事務・企画 | それ以外 | 回答なし | 合　計 |
|---|---|---|---|---|
| 25歳以下 | 12 | 15 | 8 | 35 |
| 26歳以上 | 11 | 8 | 2 | 21 |
| 合　計 | 23 | 23 | 10 | 56 |

表2-14　ジョブカフェの女性　これからの雇用形態　（複数回答）

| 年齢 | 正規雇用 | 非正規雇用 | 回答なし | 合　計 |
|---|---|---|---|---|
| 25歳以下 | 29 | 5 | 0 | 34 |
| 26歳以上 | 20 | 2 | 0 | 22 |
| 合　計 | 49 | 7 | 0 | 56 |

の若干をふくめて、二三で、全体の半数近くを占めています。回答なし、は、これまでしごとを経験していない人がふくまれています（表2－13）。

これから就こうとしているしごとの雇用形態は、男性と同じく、ほとんどが「正社員」で正規雇用を望んでいます（表2－14）。

これから就こうとしているしごとの内容は、一人が複数回答で、五八の回答のうち、「営業」、「事務」、「企画」といった組織に関連したしごとが、二九で、全体の半数ですが、これまで就いていたしごとの内容と比較すると、組織に関連したしごとの割合は、同じ割合です。

それ以外は、二四で半数を占めていませんが、「自分らしく」、「人として成長」、「女性がいきいき企画」など自分の実現にかかわる内容、「休みが多い」、「くりかえしでない」など労働条件にかかわる内容が留意されます。それ以外の回答は、回答なしと同じく、まだ、これからのしごとの内容について具体的には未定であることを意味していると言えるのかもしれません（表2—15）。

男性のこれまで経験したしごとの内容が「営業」、「事務」、「企画」といった組織に関連するしごとより、それ以外の「コンビニ」、「レストラン」の割合が多く、これからのしごとの内容は「営業」、「事務」、「企画といった組織に関連するしごとが多くなっています。男性は、これまでから、これからへと、組織に関連するしごとをめざす傾向がみられます。

女性は、これまでも、これからも、「営業」、「事務」、「企画」といった組織に関連するしごとが、ほぼ半数で、男性と大きな違いはみられないのですが、自分さがしや、労働条件によって、職場を移動する傾向がみられる、と言えるかもしれません。

表2-15　ジョブカフェの女性　これからのしごと（複数回答）

| 年齢 | 営業・事務・企画 | それ以外 | 回答なし | 合　計 |
|---|---|---|---|---|
| 25歳以下 | 19 | 15 | 1 | 35 |
| 26歳以上 | 10 | 9 | 4 | 23 |
| 合　計 | 29 | 24 | 5 | 58 |

表2-16　ジョブカフェの女性　家族の状況

| 年齢 | 未婚 | 既婚・子供なし | 既婚・子供あり | 合　計 |
|---|---|---|---|---|
| 25歳以下 | 33 | 0 | 0 | 23 |
| 26歳以上 | 20 | 1 | 0 | 21 |
| 合　計 | 53 | 1 | 0 | 54 |

表2-17　ジョブカフェの女性　世帯の状況

| 年齢 | 親と同居 | 単身 | 合計 |
|---|---|---|---|
| 25歳以下 | 30 | 3 | 33 |
| 26歳以上 | 14 | 7 | 21 |
| 合　計 | 44 | 10 | 54 |

## ＊男性よりはやくに　コミットメントを実現するのか

さて、家族の状況はどうでしょうか。一人をのぞく回答したほとんどが未婚です（表2－16）。

また、世帯の状況をみますと、八割が親と同居していますが、二五歳以下と二六歳以上とで、大きな差異はみられません（表2－17）。

このように、女性の場合、しごとへかかわりを、男性と同じように求めているわけですが、二六歳以上の年齢層で、ジョブカフェに来られる人は、男性と比較すると少なくなっていることに留意する必要があるでしょう。女性の場合、しごとへのコミットメントの実現は、家族へのコミットメントの実現とともに、社会参入の達成が年齢からみてはやく実現される、と言えるかもしれません。

表 2-18　ジョブカフェの女性　知識のアップデイト（複数回答）

| 年齢 | 会社内 | 会社外 | 雑誌、本、インターネットなど | 回答なし | 合計 |
|---|---|---|---|---|---|
| 25 歳以下 | 2 | 9 | 17 | 7 | 35 |
| 26 歳以上 | 0 | 12 | 12 | 2 | 26 |
| 合　計 | 2 | 21 | 29 | 9 | 61 |

＊ 知識は個人だけではなく専門学校やセミナーで

ジョブカフェに来られる女性の人たちは、これから就こうとする、しごとのために、どのように学んでいるのでしょうか。

男性と同じように、大半が大学に就学したことのある人たちですから、複数回答の六一のうち、二九が雑誌、本、インターネットという個人での知識のアップデイトです。

就職先の会社で学ぶという回答は少ないのですが、専門学校、ジョブカフェでのセミナーなど、会社外という回答は、二一というように、男性よりも多くなっているようです（表2-18）。

女性も、男性と大きな違いはないのですが、しごとへの準備として、男性よりも、個人で学ぶだけでなく、専門学校、セミナー、資格取得への傾向がみられるようです。

（原山哲）

# 3．会社を続けるのが男か——Car Life Advisers

東京圏で自動車販売の営業をしているカーライフアドヴァイザーの人たちに、二〇〇七年、八〇名から一〇〇名に、勤務年数、性別の比率にほぼ対応して人数の回答が得られるよう日産自動車販売労働組合に依頼してアンケート調査をしました。回答をした人たちの構成（サンプリング）は、上の表のように、男性九割、女性一割で、会社の勤務年数でみると、一二年以上勤務の女性は少ない、というようになっています（表2-19）。カーライフアドヴァイザーの仕事の世界は、男性が多数派の世界ですが、女性が客として車を購入することも多く、カーライフアドヴァイザーにおいても、女性の存在が必要になるのでしょうか。

表2-19　回答した人たち

| 勤務年数 | 男性 | 女性 | 合　計 |
|---|---|---|---|
| 11年以下 | 44 | 10 | 54 |
| 12年以上 | 45 | 2 | 47 |
| 合　計 | 89 | 12 | 101 |

## ＊会社がキャリアをつくる

人は、どのようにして、カーライフアドヴァイザーの仕事をするようになるのでしょうか、つまり、カーライフアドヴァイザーの仕事にコミットメント(commitment)をするようになるのでしょうか。学校教育の修了から、勤務している自動車販売の会社でカーライフアドヴァイザーの仕事をするようになる経過をみてみましょう。

調査に回答されたカーライフアドヴァイザーのほとんどの人たちは、高校卒業後、専門学校、短大、大学を修了して会社に採用されています(専門学校・短大・大学修了者は、男性八九人中八一人、女性一二人中一一人)。

会社の勤務年数と学卒後の年数を比較しますと、ほとんどが同じで、学卒後すぐに会社に採用されていると考えられます。しかし、男性では、勤務年数一二年以上の人のなかには、学卒後すぐにではなく、他の仕事をした後に会社に採用されている人も見出されます(表2-20、表2-21)。

自動車販売の会社に採用されて、すぐに営業のカーライフアドヴァイザーの仕事をするようになっているのかと言いますと、必ずしもそうではないようです。会社での勤務年数とカーライフアドヴァイザーの仕事の経験年数とを比較しますと、男性で会社に一二年以上勤務している人では、その多くは、同じ会社で、他の仕事、つまり事務やメカニックなどをしてから、カーライフアドヴァイザーの仕事をするようになっています(表2-22、表2-23)。

表 2-20　勤務年数と学卒後年数　男性

| 勤務年数 | 勤務＝学卒後 | 勤務＜学卒後 | 合　計 |
|---|---|---|---|
| 11 年以下 | 44 | 0 | 44 |
| 12 年以上 | 37 | 8 | 45 |
| 合　計 | 81 | 8 | 89 |

表 2-21　勤務年数と学卒後年数　女性

| 勤務年数 | 勤務＝学卒後 | 勤務＜学卒後 | 合　計 |
|---|---|---|---|
| 11 年以下 | 9 | 1 | 10 |
| 12 年以上 | 2 | 0 | 2 |
| 合　計 | 11 | 1 | 12 |

表 2-22　勤務年数と経験年数　男性

| 勤務年数 | 勤務＝学卒後 | 勤務＞経験 | 勤務＜経験 | 合　計 |
|---|---|---|---|---|
| 11 年以下 | 37 | 7 | 0 | 44 |
| 12 年以上 | 18 | 26 | 1 | 45 |
| 合　計 | 55 | 33 | 1 | 89 |

表 2-23　勤務年数と経験年数　女性

| 勤務年数 | 勤務＝学卒後 | 勤務＞経験 | 勤務＜経験 | 合　計 |
|---|---|---|---|---|
| 11 年以下 | 10 | 0 | 0 | 10 |
| 12 年以上 | 1 | 1 | 0 | 2 |
| 合　計 | 11 | 1 | 0 | 12 |

会社で勤務年数一二年以上と言いますと、調査時点の二〇〇七年から計算して、学卒時が一九九〇年代の「就職氷河期」という時期に該当した人たちもいます。会社は、新卒者採用を原則としていますが、こういった社会経済の情況の変化により、新卒の人にこだわらずに新卒後二~三年の人を採用したりしていると言えます。また、同じ会社のなかで、正規雇用、非正規雇用のいずれにおいても、他の仕事の経験をしてから、正規雇用である営業のカーライフアドヴァイザーの仕事に就くという、キャリアが形成されていることにも留意すべきでしょう。さらに、メカニックと営業の専門化の状況が変わりますと、メカニックから営業へという人の移動は、メカニックの知識と経験を営業において活用されます。すなわち、会社は、会社の外部の労働市場、および内部の労働市場を柔軟に構築している、と考えられます。

＊ 男性が多数派である

自動車販売の仕事は、男性が中心の会社において実現しています。たんに男性が多数であるというだけではなく、職位についてみますと、男性のカーライフアドヴァイザーは、会社での勤務年数一二年以上で、ほとんどが主任、係長、課長といった、スタッフ以外の職位についていますが、女性のカーライフアドヴァイザーで、このような職位についている人は、いません

表 2-24　職位　男性

| 勤務年数 | スタッフ | 主任など | 合　計 |
|---|---|---|---|
| 11 年以下 | 36 | 8 | 44 |
| 12 年以上 | 7 | 38 | 45 |
| 合　計 | 43 | 46 | 89 |

表 2-25　職位　女性

| 勤務年数 | スタッフ | 主任など | 合　計 |
|---|---|---|---|
| 11 年以下 | 9 | 1 | 10 |
| 12 年以上 | 2 | 0 | 2 |
| 合　計 | 11 | 1 | 12 |

（表2－24、表2－25）。

自動車販売の会社が男性中心であるということは、家族の状況の点からも言えます。男性のカーライフアドヴァイザーは、勤務年数一二年以上になると、大半が結婚して子供がいますが、女性のカーライフアドヴァイザーで結婚して子供がいる人はいません。回答された男性の配偶者の女性は、「専業主婦」をしていたり、「パートタイム」の仕事をしていて、男性が家計の稼ぎ手です。他方、回答された女性では、結婚して子供がいる人はいませんから、育児をしながら会社の仕事を続けるのは難しいことがうかがえます（表2－26、表2－27）。

このことを、労働時間と性役割分業の点からみてみましょう。回答をされた男性も女性も、週五六時間以上の仕事をしています。この労働時間

表 2-26　家族の状況　男性

| 勤務年数 | 未婚 | 既婚・子供なし | 既婚・子供あり | 合　計 |
| --- | --- | --- | --- | --- |
| 11 年以下 | 28 | 3 | 13 | 44 |
| 12 年以上 | 13 | 8 | 24 | 45 |
| 合　計 | 41 | 11 | 37 | 89 |

表 2-27　家族の状況　女性

| 勤務年数 | 未婚 | 既婚・子供なし | 既婚・子供あり | 合　計 |
| --- | --- | --- | --- | --- |
| 11 年以下 | 9 | 1 | 0 | 10 |
| 12 年以上 | 1 | 1 | 0 | 2 |
| 合　計 | 10 | 2 | 0 | 12 |

表 2-28　週労働時間　男性

| 勤務年数 | ～45 時間 | 46～55時間 | 56 ～時間 | 回答なし | 合　計 |
| --- | --- | --- | --- | --- | --- |
| 11 年以下 | 3 | 9 | 30 | 2 | 44 |
| 12 年以上 | 3 | 12 | 25 | 5 | 45 |
| 合　計 | 6 | 21 | 55 | 7 | 89 |

表 2-29　週労働時間　女性

| 勤務年数 | ～45 時間 | 46～55時間 | 56 ～時間 | 回答なし | 合　計 |
| --- | --- | --- | --- | --- | --- |
| 11 年以下 | 2 | 3 | 5 | 0 | 10 |
| 12 年以上 | 0 | 0 | 2 | 0 | 2 |
| 合　計 | 2 | 3 | 7 | 0 | 12 |

表2-30　将来　男性

| 勤務年数 | 継続 | 他の仕事 | 回答なし | 合　計 |
|---|---|---|---|---|
| 11年以下 | 30 | 13 | 1 | 44 |
| 12年以上 | 34 | 9 | 2 | 45 |
| 合　計 | 64 | 22 | 3 | 89 |

表2-31　将来　女性

| 勤務年数 | 継続 | 他の仕事 | 回答なし | 合　計 |
|---|---|---|---|---|
| 11年以下 | 6 | 4 | 0 | 10 |
| 12年以上 | 1 | 1 | 0 | 2 |
| 合　計 | 7 | 5 | 0 | 12 |

は、日本の多くの会社と同じように、結婚して子供がいる家庭にとっては、男性が会社で働き、女性が子育てに専念するという、性役割分業を条件にしています（表2―28、表2―29）。

## ＊仕事を変えてもよい

自動車販売のカーライフアドヴァイザーの人たちは、自分の将来の仕事について、どのように考えているのでしょうか。多数派の人たちは、会社での仕事を継続すると考えていますが、会社を変えたりすることで、他の仕事を考えている人が、男性で八九人中二二人、女性で一二人中五人います（表2―30、表2―31）。男性中心の会社で、雇用の安定性は確保されていますが、終身雇用にこだわってはいないと言えます。

将来について、他の仕事と回答した人たちは、具体的に、どのような仕事を考えているのでしょうか。自由記述の回答をみてみますと、男性で、勤務年数一一年以下では、「他業種での営業」と答えている人は一名のみで、他は、「営業以外」、「事務」、「人事」、「企画」といった、営業以外の事務系統の仕事を考えています。男性の勤務年数一二年以上ですと、「ノルマのない仕事」というように営業以外の仕事への言及がされていますが、事務系統とは限らず、「メカニックに戻りたい」、「自動車修理」、「モノづくり」といった回答がみられます。

女性でも、「事務職」、「医療事務」といった事務系統や、「間接職」といった営業から離れた仕事を希望する回答がみられます。すなわち、しごとを変えるという場合、顧客と対面する営業から転じて、組織の内部での仕事を希望していると言えるでしょう。ほかに、女性の場合では、「労働時間が短い仕事」という回答があり、カーライフアドヴァイザーの仕事が男性中心であるということを示唆しています。

男性を多数派とする自動車販売の会社は、会社へのコミットメントを柔軟に形成していると言えます。しかし、会社にコミットメントすることは、男性においても、必ずしも、終身雇用というわけではなく、生涯において同じ会社にコミットメントするということではない、ということが、うかがえます。

表 2-32　知識のアップデイト　男性　（複数回答）

| 勤務年数 | 会社内 | 雑誌、本、インターネット | その他 | 回答なし | 合　計 |
|---|---|---|---|---|---|
| 11 年以下 | 22 | 13 | 11 | 5 | 51 |
| 12 年以上 | 16 | 12 | 14 | 10 | 52 |
| 合計 | 38 | 25 | 25 | 15 | 103 |

表 2-33　知識のアップデイト　女性　（複数回答）

| 勤務年数 | 会社内 | 雑誌、本、インターネット | その他 | 回答なし | 合　計 |
|---|---|---|---|---|---|
| 11 年以下 | 7 | 7 | 2 | 0 | 16 |
| 12 年以上 | 1 | 1 | 1 | 0 | 3 |
| 合計 | 8 | 8 | 3 | 0 | 19 |

## ＊知識は会社と個人の両方で

カーライフアドヴァイザーの人たちは、自動車販売の仕事に必要な知識を、どのようにアップデイトしているのでしょうか。知識のアップデイトについての回答（一人で複数回答可）を分析してみると、男性でも女性でも、大半が、会社内で行われています（表2－32、表2－33）。まず、会社での「同期」、「同僚」、「先輩」、「上司」と話すことであり、その次に、会社の「研修会」、「勉強会」です。また、個人で、「カー雑誌」、「新聞」、「本」、「インターネット」から情報を集めることも重要です。そのほかに、「客」、「他業種」の人と話す、が挙げられています（表2－32、表2－33）。

自動車販売の会社がメーカーの会社と同じグ

ループをつくっていて、メーカーの商品開発についての情報は、会社での研修が重要となるでしょう。しかし、会社をこえたネットワークにおいてではなく、会社以外では、カーライフアドヴァイザー個人が、雑誌、本、インターネットから情報を得ることになります。

ほとんどが新卒で会社にはいり、会社にコミットメントするようになるのは、日本の男性の仕事へのコミットメントの仕方です。日本の女性も会社にコミットメントしますが、男性に比較すると持続的ではないわけです。自動車販売の男女の違いは、自動車販売だけでなく、日本人の仕事の仕方を反映しています。

（中村哲也＋原山哲）

## 4．プロフェッショナルの女—— Nurses

東京圏にある四つの大規模病院にアンケート調査を依頼しました。一般の会社がその資本や働く従業員数によって、大企業・中小企業というように分類されるのと同じように、病院は病床数によってその規模を表現することができます。病床数とは、その病院にある入院用のベッドの数です。もちろん病床数が多ければ、そこで働く従業員の数も増えます。おおよその目安として、病床数一〇〇未満の病院を小規模、一〇〇～五〇〇未満を中規模、それ以上を大規模病院ということができます。一般的に大学病院といわれるような病院は、診療科もベッド数も多い大規模病院です。なかには病床数一〇〇〇をこえるような病院もあり、そこは従業員も二〇〇〇人をこえる大企業なみの職場であると言えます。

今回の調査は、病床数が五〇〇床以上の病院で働く看護師を対象に行われました。病院ごとに、看護師としての経験年数の比率にほぼ対応した人数の回答が得られるよう、各病院の看護部に依頼して行いました。看護部とは、病院で働く看護要員を統括する部署のことです。病院で働く看護要員には、看護師、助産師、保健師、准看護師、看護助手が含まれます。なお、准看護師と看護助手は、今回の調査の対象から除外しています。これは、助産師と保健師が看護師の免許も保持しているのに対して、准看護師は看護師とは異なった資格を持つ職種であり、看護助手は特に資格を必要としない職業だからです。また、看護師の資格と同時に助産師や保健師の資格を持っていても、現在は「看護師」として就労している人が、調査の対象となっています。(1)

回答した人たちの構成（サンプリング）は上の表のように、一名以外すべて女性です。看護

表 2-34　経験年数

| 経験年数＼性別 | 女性 | 男性 | 合　計 |
|---|---|---|---|
| 6 年以下 | 39 | 0 | 39 |
| 7 年以上 | 33 | 1 | 34 |
| 合　計 | 72 | 1 | 73 |

師としての経験年数は七年以上と六年以下が半数程度ずつ、というようになっています。（表2－34）。

日本全国で現在就業する看護職のうち、男性は約四％となっています。[i] 男性看護師の人数は増加傾向にあるとはいえ、まだまだ女性が圧倒的多数を占める職業であるということがわかります。ちなみに、日本で就業中の看護職（保健師、助産師、看護師、准看護師）は約一二六万人、そのうち看護師は約八一万人です。[ii] 平成一九就業構造基本調査[iii]によると、収入をともなう仕事をしている女性の数は約二八〇〇万人とされています。そこで、仕事を持つ女性に占める看護師の割合を求めると約三五人に一人は看護師で、保健師、助産師、准看護師を含めた看護職ともなると、約二二人に一人と計算されます。[2]

## ＊資格を生かしてキャリアをつくる

近年、看護職の離職率が高いことが問題となっています。日本看護協会の調査によると、病院に就業している看護職の離職率は二〇〇四年度一二・一％、二〇〇五年度一二・三％、二〇〇六年度一二・四%と、増加傾向にあります。[iv] 離職と同時に看護職を辞めてしまうこともあると思いますが、資格を生かして、別の職場で再び看護職となっている人もいます。表2-35は、経験年数七年以上の看護師のうち七名が、現在の病院での勤務年数よりも看護師経験年数が多かった、という結果を示しています。つまり、この七名は今の職場に就職する以前に他の病院などで看護師として働いていた経験を持つものであるということです。

看護師の資格は、専門学校、短大、大学等で必要な学問を修めたうえで、看護師国家試験に合格することによって得ることができます。[3] 高等学校卒業後、専門学校や短大では主に三年間、大学では四年間、看護に必要な学問を学びます。(最近では四年制の専門学校も登場しています。)そしてほとんどの学生は就職する年の三月に国家試験を受験し、合格すると四月から看護師の免許を持って就職しますので、高等学校卒業後看護学を学びそのまま看護師となるとすると、経験年数七年目の看護師の年齢は三〇歳前後ということになります。看護師の多くが女性であるとすると、この頃は、結婚、出産、そしてこれは男女を問いませんが親や祖父

表 2-35　看護師経験年数と現在の病院での経験年数

| 経験年数 | 経験＝勤務 | 経験＞勤務 | 合　計 |
|---|---|---|---|
| 6年以下 | 39 | 0 | 39 |
| 7年以上 | 27 | 7 | 34 |
| 合　計 | 66 | 7 | 73 |

母の介護など、ライフスタイルに大きな影響を与える可能性のある変化が起こりやすい年代だということがわかります。こうした変化は、看護師にとっても仕事を続けるうえで将来のことを考える重要なポイントになっています。

表 2-36　子供の有無

| 経験年数 | 子供なし | 子供あり | 合　計 |
|---|---|---|---|
| 6 年以下 | 39 | 0 | 39 |
| 7 年以上 | 29 | 5 | 34 |
| 合　計 | 68 | 5 | 73 |

今回のアンケートから得られた情報だけでは、子どもがあると回答した五名の就業状態に子どもが与えた影響についてはわかりませんでしたが（表2-36）、多くの病院の病棟で働く看護師には夜勤があり、また、日中の勤務であっても必ずしも社会で一般的な、午前九時から午後五時まで、という勤務時間ではないことが、出産後そのまま仕事を続けることをより困難にしていると言われています。

また、医療の現場は日々変化しており、新しい治療法や機械が毎日のように登場します。そこでたとえ短期間であったとしても、産休や育児休暇で仕事を休んだ看護師が職場に復帰する際には、変化に追いつくために高いハードルを感じていると言われています。とはいえ経験を積んだ看護師が退職してしまうことは、病院にとってても大きな損失となります。そこで最近では、看護師が仕事を続けることができるような就

表 2-37　将来　(複数回答)

| 経験年数 | 家庭と非両立 | 勤務先変える | 今の勤務先 | 進学 | その他 | 回答なし | 合計 |
|---|---|---|---|---|---|---|---|
| 6 年以下 | 2 | 22 | 12 | 3 | 1 | 0 | 40 |
| 7 年以上 | 1 | 9 | 21 | 0 | 2 | 3 | 36 |
| 合　計 | 3 | 31 | 33 | 3 | 3 | 3 | 76 |

業環境の工夫が行われることも多くなってきました。二四時間の保育施設を持つ病院や、短時間勤務制度、時差通勤制度、病児看護休暇など、さまざまな子育て、介護支援策を行っている病院もあります。

さて表2-37は、将来の仕事についてどう思っているか、という質問に対して回答してもらった結果を内容ごとにまとめて示したものです。自由記載の部分については、一人の方が複数の意見を記載している場合もありました。

この表によると、とくに経験年数が六年以下の若い看護師に、将来今の勤務先よりも別の勤務先や別の仕事に就こうと考えている人が多いことがわかります。回答した経験年数六年以下の三九名の看護師のうち、「今の勤務先で継続」して働いていこうと考えている人は、全体の約三分の一であるということがわかります。残りの三分の二の看護師は「今の職場以外で看護職を継続したい」と考えていました。今の職場以外で看護師を継続したい、と考えている人の理由としては、「希望の科へ異動したい」、「他の科の経験をしたい」といったみずからのキャリアアッ

表 2-38　週労働時間

| 経験年数 | ～45 時間 | 46～55時間 | 56 ～時間 | 合　計 |
|---|---|---|---|---|
| 6 年以下 | 5 | 18 | 16 | 39 |
| 7 年以上 | 3 | 23 | 8 | 34 |
| 合　計 | 8 | 41 | 24 | 73 |

プのためという理由とともに、「結婚のため」、や「夜勤をする体力に不安がある」、現在の職場に「残業が多い」、などがありました。

看護職の残業については、二〇〇九年に行われた日本看護協会の調査でも、あらためて課題として提示されています。看護師にとっては、残業の長さとともに、身体に負担のかかる夜勤を含む交代制で勤務を行っていることも考慮しなければならない点であると考えます（表2－38）。

そこで看護師は資格を生かし、そのときの自分が一番働きたくて、働きやすい職場を探し、勤務先を変更することがあります。看護師は病院以外にも、学校や保育園、訪問看護ステーション、介護福祉施設など、さまざまな場所でその資格を生かして働くことが可能です。また、同じ病院であっても、外科病棟もあれば内科病棟、小児科病棟、緩和ケア病棟、リハビリ病棟、集中治療室、外来など、それぞれ必要とされる知識や技術がまったく異なる部署がありますから、看護師はキャリアアップのために、一番興味を持ち、経験してみたい部署に異動するということができるのです。

このように生涯にわたって有効な国家資格を持つことから、「看護師さんはいつでもどこでも働けるから羨ましい」、と言われることがよくあります。これは間違いではないのですが、その専門性や夜勤や交代性勤務をとる職場が多いという面から考えると、全面的に正解とも言えません。事情があって夜勤ができない、毎日同じ時間帯に働きたい、といった働く側の要望がそのまま受け入れられる職場は、必ずしも多くありません。また仮にそうした職場があっても、さらにそれまで培ったキャリアや専門性を十分生かして働くことができる職場であるということを条件にすると、二つの条件に適合した職場をさがすことは簡単なことではありません。

資格を持っていること、さらに、高齢化などの社会的なニーズの増加から看護師が就職しやすい状況になっていることによって、仕事をさがすこと自体は資格を持っていない人よりもずっと容易かもしれませんが、それまで培ったキャリアを十分に生かし、しかもライフスタイルに合わせて働き続けるためには、やはり職場を吟味する必要があります。そしてその結果やはり自分にあった職場を見つけることができず、看護師を辞めてしまうことも多いという現実もあるのです。

現在、世界中で看護師が足りないと言われています。とくに日本では、社会の高齢化によって、医療や介護の仕事に従事する人材を十分に確保することは、安心して暮らせる国をつくるために検討しなければならない重要な課題の一つです。わが国で現在就労している看護師の数は約一三〇万人ですが、それでも十分とは言えず、多くの医療の現場では医師とともに看護師も不足しています。他の先進諸国と比較しても、人口あたりの看護師数は決して多くなく、その人口が高齢化して医療ニーズが高まる可能性を考えれば、相対的にはさらに人材が少ないということになります。そこで、看護師の確保については平成四年に「看護師等の人材確保の促進に関する法律」が制定され国レベルでの対策がとられています。

このように看護師という職業に対するニーズは高齢化という大きな社会の動きによって影響を受けています。また、看護の仕事に就くことを希望する人の数は、景気によっても左右されると言われています。医療、福祉の分野の職業は不況に強いと言われており、景気が後退しているときのほうが、就業希望者が増えると言われています。

このように、他の職種にたがわず、看護職の労働市場も、社会の状況に影響を受けているのです。

表2-39　職位

| 職位<br>経験年数 | 非管理職 | 管理職 | 合　計 |
|---|---|---|---|
| 6年以下 | 38 | 1 | 39 |
| 7年以上 | 13 | 21 | 34 |
| 合　計 | 51 | 22 | 73 |

## ＊女性が多数派である

看護の世界は本当に女性の占める割合が高い職業です。ですから、病院には女性の管理職も多く存在します。もちろん男性も存在しますが、絶対数が少ないので、女性が占める割合がとても高くなっています（表2−39）。

一般的に看護職を統括するのは看護部といわれる部門であり、看護部長が管理します。看護部は、さらに五階A病棟、五階B病棟、六階A病棟などといった病棟ごとに分割され、それぞれの病棟に看護師長、副師長、主任などといわれる管理職が存在します。病院によって異なりますが、たとえば病床数五〇〇くらいの総合病院であれば、各病棟の看護師長は二五人くらいの看護職員たちを部下とし、さらにその病棟に入院した三〇から四〇人くらいの入院患者の療養環境に対して責任を持ちます。そして看護部長ともなれば、部下の看護職員は六〇〇人ほどにもなりますので、大きな企業の重役や社長並みに責任ある立場であると言えるでしょう。最近では、看護部長が病院の副院長となるケースも増加し

ています。(4)

＊ 継続教育：仕事の知識は病院と個人で

科学技術や、医療は日々進展しています。つい最近まで最新だと思っていた治療法が、すぐに新しい方法に取ってかわったり、新しい薬や治療法が開発されたりするので、看護師には業務に必要な知識を常にアップデイトすることが求められています。知識のアップデイトについての回答（一人で複数回答可）を分析してみると、経験年数にかかわらず院内・院外でその機会を得ていることがわかります。そのほか、専門的な雑誌やインターネットも情報源となっています（表2-40）。

院内という回答のなかには、院内で行われるさまざまな「研修会」や「先輩」、「友人」、「同僚の医師」などが挙げられていました。また、院外には「研修会」とくに「日本看護協会の研修会」や「他の病院で行われる研修会」、「大学」、「学会」が挙げられていました。

看護師を対象とした研修会は、多くの病院で行われているほか、多くの企業や団体、学会、日本看護協会などによって開催されています。病院のなかには、他の病院で働く看護師にも研修会を開放しているところもあります。また、医療や看護の分野にはさまざまな学会があり、

表 2-40　知識のアップデイト

| 経験年数 | 院内 | 院外 | 雑誌、web site | その他 | 回答なし | 合　計 |
|---|---|---|---|---|---|---|
| 6 年以下 | 30 | 24 | 10 | 0 | 1 | 65 |
| 7 年以上 | 27 | 30 | 10 | 1 | 0 | 68 |
| 合　計 | 57 | 54 | 20 | 1 | 1 | 133 |

多くの看護師が自分の専門分野に関連する学会に所属しています。看護師はそうした団体が主催する研修会に出席して、関心分野の情報を得られるようにしています。

院内で行われる研修会には、病院単位や看護部全体で行われるものから、各病棟や部署で、必要な情報に関して自主的に学習するために行われる小さな研修会まで、さまざまあります。また看護においては近年、これまで言葉や文章として残してこなかったことにより共有することが難しかったお互いの経験知を管理し共有すること、つまりナレッジマネジメントの重要性が認識されています。

（井部俊子＋奥裕美）

(1) とくにことわりがない限り、この本のなかで「看護師」は看護師を、「看護職」は保健師、助産師、看護師、准看護師をさすものとします。また、実際に病院のなかにいるこれらの看護要員はあまり見分けがつかないかもしれません。病院によっては、名札に職種名が記載してあったり、違う色の服を着たりして区別しています。しかし、一定の決まりはなく、本人たちに聞いてみるのが、一番確実で簡単に職種を知る方法かもしれません。

(2) 看護士と看護師

以前、看護の仕事をする女性と男性をそれぞれ「看護婦」、「看護士」と表記していましたが、平成一三年(二〇〇一年)に法律が改正され、男女の区別なく「看護師」になりました。そこで、とくに男性の看護師をさす際には一般的に「男性看護師」と表記します。

(3) 看護師の教育背景

看護師国家試験を受けるために学ぶ必要のある学修内容は、「保健師助産師看護師学校養成所指定規則」によって規定されており、修業年限は三年以上であること、とされています。専門学校や短期大学では修業年限を三年、大学では四年制をとるのが一般的です。そのほかにも、五年一貫の高等学校衛生看護科というものもあります。そのほかにも、いったん准看護師の免許をとってから二年間の看護師課程で学ぶなど、同じ看護師になるにもその方法はさまざまです。これは、医師や薬剤師になるためには、六年制の大学医学部・薬学部で学び国家試験を受けるという一つの道しか準備されていないのと比較すると、多様であると言えます。しかし以前と比べ科学や医療技術は格段に進歩しており、それに十分対応する知識や技術を身につけるには三年では不十分であるという声が挙がっています。現在では、看護学を学ぶことができる大学の数が急増していると同時に、看護師基礎教育の修業年限を延長し、四年以上とすることが議論されています。

（4）日本では、医師でなければ病院長にはなれないということが、法律によって定められています。

## 文献


ⅰ 平成十八年 保健・衛生行政業務報告（衛生行政報告例）結果（就業医療関係者）の概要 厚生労働省

ⅱ 平成十八年 保健・衛生行政業務報告（衛生行政報告例）結果（就業医療関係者）の概要 厚生労働省

ⅲ 平成十九年就業構造基本調査 総務省

ⅳ 日本看護協会編（二〇〇八） 平成二十年版看護白書

3

*　*

# しごとの関係のラビリンス

しごとにおいて、人と人とが関係します。近代の会社の組織は、官僚制と言われていて、権限のヒエラルヒーに従って職務を遂行しているだけで、よいと考えられていました。このような状況ですと、しごとをしている自分は、会社と一体となっていて、自分さがしは必要なくなるでしょう。

しかし、権限のヒエラルヒーに従うだけでなく、労働組合をとおして、経営側と交渉することもあります。さらに、クライアントとの関係、同僚とのチームワークの関係において、いっそう、交渉という要素が必要になってきています。それだけ、しごとの関係は、複雑になってきているのです。

ジョブカフェをおとずれる若者にとって、しごとにおいて重要なことは、自分さがしに結びついた人間関係です。つまり、自分さがしは、他者なしには実現しないのです。カーライフアドヴァイザーの人たちにとって、重要なのは、車を購入してくれるクライアントとの関係です。ここでは市場競争と、クライアントとの関係とが、密接に結びついています。他方、看護師にとって、患者というクライアントとの関係は、同じように重要ですが、それと同時に、医師など、他の医療者とのチームワークが、技術の実践にとって不可欠になります。

しごとの関係は、会社中心ではなく、多次元です。自分さがしのための人間関係が重要になることもあるでしょう。また、市場競争でのクライアントとの関係が重要になることもあるでしょう。さらに、技術の適用について、クライアントやチームの関係をとおして考えていく必要があるかもしれません。

## 1．男の親しい人間関係──Young Men

ジョブカフェの男性が、しごとの関係について、どのように考えているか、アンケート調査の結果をみてみましょう。しごとのやりがい、と、しごとの難しさについての、自由記述の回答について質的分析をしてみました。つまり、自由に記述された回答を、コーディングというのですが、カテゴリー化するわけです。

ここで、しごとの関係とは、しごとに対して、しごとにかかわる人が、どのような人々の間の関係を考えているか、ということです。しごとの関係をどのように考えるか、それは、多様であるのではないでしょうか。

## ＊自分さがしの人間関係

しごととは、会社がすべてである、ということになりますと、簡単ですが、実際は、しごとでの自分の達成を第一に優先し、他の人との人間関係はあまり重視しない、という人もいれば、クライアントやチームでの同僚との関係のほうを優先する人もいます。前者は、個人主義ですが、後者は集合主義と言ってもいいでしょう。ただし、両者は、簡単に二分されるのではなく、関連し合っています。これまでは、たいてい、個人主義と集合主義を、会社という枠組みによって妥協、統一させてきたのではないでしょうか。

ところが、ジョブカフェの若者の回答についてみますと、「人間関係」が重要になっていますが、「人間関係」という集合主義のなかに、「自分」さがし、という個人主義がみられるとも言えるのかもしれないのです。もしかしたら、会社という組織の枠組みが、確かなものでないからこそ、「人間関係」や「自分」さがし、が、回答のなかに、言葉として現れるのかもしれません。

まず、回答を、しごとのやりがいという積極的な面からみてみますと、①達成、②クライアントの関係、③チームの関係、④人間関係と自分、⑤労働条件など（無回答含む）、というようにカテゴリー化することができます。④のカテゴリーの「人間関係」は、回答者によってチームやクライアントといった区別がなく、漠然と人との関係に言及されている場合ですが、ここでは、人間関係をとおして実現されると考えられる「自分」さがし、をいっしょに含めています。それぞれのカテゴリーに見出される言葉は、次のようです。

①の達成は、「達成」、「実績」、「成し遂げた」、といった表現をコーディングしています。

②のクライアントの関係は、「客が納得」という表現がみられます。

③のチームの関係は、「職場の人といっしょに仕事」、「上司に認められる」といった表現がみられます。

④の人間関係と自分についての表現は、「認められる」、「感謝される」、「喜ばれる」、「自分の成長」、「自分らしく」などです。

⑤の労働条件についての表現は、「残業がない」、「給料」、「福利厚生」などです。また、ほかに、「利益だけ追求したくない」「健康いきいき」といったように、まとまってカテゴリー化されない表現も含めています。

次の表（表3‒1）は、一人で複数のカテゴリーの回答もみられるのですが、ジョブカフェの若者の男性の大部分が、やりがいについては、「人間関係」、「感謝される」こと、「自分の成長」、といった、人との関係や、自分さがし、にあると、考えられるでしょう。

表 3-1　ジョブカフェの男性　やりがいを感じるとき　（複数回答）

| 年齢 | 達成 | クライアントの関係 | チームの関係 | 人間関係と自分 | 労働条件など、回答なし | 合計 |
|---|---|---|---|---|---|---|
| 25 歳以下 | 2 | 1 | 2 | 16 | 24 | 45 |
| 26 歳以上 | 7 | 0 | 0 | 35 | 22 | 64 |
| 合計 | 9 | 1 | 2 | 51 | 46 | 109 |

次に、しごとの関係の消極的な面、すなわち仕事の難しさについては、やりがいについてのカテゴリー化と似ていますが、①達成、②クライアントの関係、③チーム、④人間関係と知識、⑤労働条件など（回答なし含む）、というようにカテゴリー化されます。難しさにおいては、④のカテゴリーですが、「人間関係」の問題と、自分の知識の不足が関連していると考えられるので、このカテゴリーに「知識」を含めています。それぞれのカテゴリーに見出される言葉は、次のようになります。

①の達成の表現は、「契約がとれない」、「成果」、「ミスがおきない」などです。

②クライアントの関係は、「客からのクレーム」などです。

③チームの関係は、「チームワーク」、「みんなをまとめる」などです。

④人間関係と知識は、「人間関係」、「コミュニケーション」、「専門知識」、「経験のなさ」といった表現がみられますが、これらは、組織でのしごとにおける難しさのキーワードと言えるでしょう。

表 3-2　ジョブカフェの男性　難しさを感じるとき　（複数回答）

| 年齢 | 達成 | クライアントの関係 | チームの関係 | 人間関係と自分 | 労働条件など、回答なし | 合　計 |
|---|---|---|---|---|---|---|
| 25 歳以下 | 7 | 1 | 2 | 24 | 16 | 50 |
| 26 歳以上 | 16 | 1 | 4 | 26 | 16 | 63 |
| 合　計 | 23 | 2 | 6 | 50 | 32 | 113 |

上の表（表3-2）におけるように、ジョブカフェの若者の男性においては、しごとの難しさは、「知識」、「経験」という記述があり、人間関係でのやりがいは自分さがしであるのに対して、人間関係の難しさは知識の不足によるとみなされていると考えられるでしょう。

このようにみると、ジョブカフェの若者は、多様なしごとの経験をしてきた人がふくまれていますから、これからのしごとの関係についても多様の考え方をしています。しかし、回答を分析してみますと、「人間関係」、「自分」、「知識」、「相談できる人」が、しごとの関係において、キーワードになっていると言えます。

ジョブカフェの若者で男性の人たちの回答からうかがえることは、人間関係のなかでの自分さがしの重視です。前章のしごとへのコミットメントにおいて、組織へのコミットメントの重視を考慮しますと、しごとにおいては、組織へのコミットメントと、組織の人間関係での自分さがしとが、重要となっています。

だれでもが、しごとにおいて、人間関係のなかで自分さがしをすることを重要と考えているのでしょうか。

組織は、会社という枠組みを考えてみますと、なんらかの目標の達成が重要であるかもしれません。あるいは、そのために、定められた仕方でしごとをすることが重要であるのかもしれません。これは、組織のフォーマルな面です。

それに対して、人間関係や自分さがしという場合、インフォーマルな面であると言えるでしょう。あらかじめ計画されているフォーマルな面とは異なって、インフォーマルな面は、人々によって、柔軟につくられていきます。なぜ、インフォーマルな面が重要視されるのでしょうか。

組織のフォーマルな面よりも、インフォーマルな面が、重要になり、それによって、フォーマルな面も影響を受けるようになっているからかもしれません。そして、なによりも、しごとは、生計のためというだけではなく、自分さがしの意味が与えられるようになっているのです。

＊ジョブカフェへの期待はカウンセリング

ジョブカフェへの期待ですが、まず、「最新の情報」「基本的な知識や情報の提供」といった

表 3-3　ジョブカフェの男性　ジョブカフェに期待すること

| | 必要な情報 | カウンセリング | その他、回答なし | 合　計 |
|---|---|---|---|---|
| 25 歳以下 | 10 | 18 | 17 | 45 |
| 26 歳以上 | 14 | 25 | 21 | 60 |
| 合　計 | 24 | 43 | 38 | 105 |

表現にみられるように、必要な情報の提供への期待があります。しかし、若者の男性の大半の人々は、しごとをさがすことにおいて必要な情報を得るところとしてよりも、「カウンセリング」、「なにをしたらよいかわからない、相談にのっていただきたい」、「ストレスをのぞいてくれるアドヴァイス」、など、心理的なささえを期待している人が多いようです（表3－3）。

すなわち、ジョブカフェに来る若者にとって、ジョブカフェは、しごとをさがすための公共の場でありますが、人と人との対面的な関係が得られる場である、と考えられています。

自分さがしにとって重要な人間関係が、会社では得られにくいとすれば、会社以外の、ジョブカフェに、それが期待されるのでしょうか。しかし、それは、会社で得られるのでしょうか。

しごとは、会社において、行われるとしても、会社に自分が一体となることは、今の若者にとって、もはや、難しいのではないでしょうか。

会社から、自分が距離をもって、しごとをすること、そして、会社をこえたネットワークをつくることはできないだろうか。
以下では、しごとの関係を、どう考え、どうつくるのか、若者の女性のグループについて、男性と比較し、さらに、カーライフアドヴァイザーや、看護師、というグループと比較してみたいと思います。

(伊藤朋子)

## 2．女は人間関係にこだわらないか？——Young Women

＊自分さがしは男ほど重要ではないか？

仕事のやりがいについては、男性の場合と同じように、①達成、②クライアントの関係、③チームの関係、④人間関係と自分、⑤労働条件など(回答なし、含む)、というようにカテゴリー化します。漠然と人との関係や「自分」さがしに言及されている場合の④のカテゴリーの人間関係と自分は、男性に比較すると、多くはありません。男性が達成に志向し、女性が人間関

表 3-4　ジョブカフェの女性　やりがいを感じるとき　（複数回答）

| 年齢 | 達成 | クライアントの関係 | チームの関係 | 人間関係と自分 | 労働条件など、回答なし | 合　計 |
|---|---|---|---|---|---|---|
| 25 歳以下 | 5 | 3 | 0 | 15 | 15 | 38 |
| 26 歳以上 | 5 | 1 | 1 | 4 | 11 | 22 |
| 合　計 | 10 | 4 | 1 | 19 | 26 | 60 |

表 3-5　ジョブカフェの女性　難しさを感じるとき　（複数回答）

| 年齢 | 達成 | クライアントの関係 | チームの関係 | 人間関係と知識 | 労働条件など、回答なし | 合　計 |
|---|---|---|---|---|---|---|
| 25 歳以下 | 2 | 2 | 0 | 19 | 13 | 36 |
| 26 歳以上 | 1 | 0 | 4 | 13 | 8 | 26 |
| 合　計 | 3 | 2 | 4 | 32 | 21 | 62 |

係に志向する、といった、一般的なステレオタイプからみますと、むしろ、女性は、男性に比較して、人間関係にこだわらない、といえるのかもしれません（表3−4）。

他方、仕事の難しさについては、①達成、②クライアントの関係、③チーム、④人間関係と知識、⑤労働条件など（回答なし、含む）、というようにカテゴリー化されます。難しさにおいては、男性と同じように、④のカテゴリーですので、「人間関係」や、「知識」、「経験」といった自分の知識の不足が関連していることが多く、ついで、⑤のカテゴリーの、「休みを言い出すこと」といった、労働条件に関連していることが多くなっています（表3−5）。

表3-6　ジョブカフェの女性　ジョブカフェに期待すること

| | 必要な情報 | カウンセリング | その他、回答なし | 合　計 |
|---|---|---|---|---|
| 25歳以下 | 12 | 14 | 7 | 33 |
| 26歳以上 | 5 | 6 | 10 | 21 |
| 合　計 | 17 | 20 | 17 | 54 |

## ＊ジョブカフェへの期待は情報

ジョブカフェへの期待ですが、しごとをさがすことにおいて必要な情報を得るところとしての期待と、他方で、「気軽に相談にのってくれる」、「転職する勇気がないのでサポートしてほしい」など、心理的なささえを期待している人がみられ、両者は、ほぼ半数ずつに分かれているようです（表3－6）。男性の多くが、カウンセリングを重視していることに比較しますと、女性は、あまり、ジョブカフェに、会社にない人間関係を期待しているとは言えないようです。

言い換えますと、会社に、自分さがしの人間関係を求めているのは、女性よりも男性であり、それが得られないと、ジョブカフェに期待するのも、女性よりも男性である、と言えるのかもしれません。

このような女性と男性との相違は、つぎのように考えられるでしょう。男性にとって、自分が勤務する会社のなかの人間関係において、承認されることが重要であるでしょう。他方、女性は、自分が勤務する会社にだけでなく、それをこえた、クライアントや、他の会社の人との人間関係をつくることを、このんで実践するのかもしれません。しごとの関係は、ラビリンス（迷路）のように、自分が勤務する会社のなかだけでなく、自分自身で、広げていくことができる、と考えられます。(1)

（原山哲）

## 3．競争は男の個人主義か？——Car Life Advisers

### ＊個人の業績と信頼との間

自動車販売の営業の仕事で、カーライフアドヴァイザーの人が、やりがいを感じるときは、男性においては、第一に、自分が販売に成功したとき、すなわち、「車が売れたとき」、「台数が売れたとき」、「注文をもらったとき」、また、会社が設定した販売の「目標を達成したとき」です。第二は、客との関係が良好であるとき、すなわち、「客から頼むよと言われたとき」、「客から信頼されたとき」、「客からありがとうと言われたとき」、です。その他は、「給料をもらったとき」、「上司にほめられたとき」などです（表3-7）。

表 3-7　やりがいを感じるとき　男性（複数回答）

| 勤務年数 | 売れたとき | 目標達成 | 客との関係 | その他 | 合　計 |
|---|---|---|---|---|---|
| 11 年以下 | 19 | 3 | 18 | 6 | 46 |
| 12 年以上 | 10 | 7 | 19 | 6 | 42 |
| 合　計 | 29 | 10 | 37 | 12 | 88 |

表 3-8　難しさを感じるとき　男性（複数回答）

| 勤務年数 | 売れないとき | 目標達成 | 客との関係 | その他 | 合　計 |
|---|---|---|---|---|---|
| 11 年以下 | 11 | 1 | 20 | 11 | 43 |
| 12 年以上 | 11 | 6 | 15 | 17 | 49 |
| 合　計 | 22 | 7 | 35 | 28 | 92 |

しごとが難しいと感じるときは、男性においては、第一に、自分が販売に成功しないとき、すなわち、「売れないとき」、「思いどおりにいかないとき」、また、会社が設定した「目標達成ができないとき」、です。第二は、客との関係で、「客からクレームされたとき」、「客に提案が受け入れられないとき」、「客からの値引き交渉のとき」です。そのほかは、「労働時間」、「時間管理」などが挙げられています（表3−8）。

女性の場合においても、男性の場合と同様に、仕事のやりがいと難しさは、第一に販売の業績で、第二に客との関係にかかわっています。ただし、女性にとって、難しいと感じるときが、販売の業績や客との関係以外の、その他で、「知識が不足しているとき」が挙げられています（表

表 3-9　やりがいを感じるとき　女性（複数回答）

| 勤務年数 | 売れたとき | 目標達成 | 客との関係 | その他 | 合　計 |
|---|---|---|---|---|---|
| 11 年以下 | 2 | 2 | 6 | 0 | 10 |
| 12 年以上 | 0 | 1 | 1 | 1 | 3 |
| 合　計 | 2 | 3 | 7 | 1 | 13 |

表 3-10　難しさを感じるとき　女性（複数回答）

| 勤務年数 | 売れないとき | 目標達成 | 客との関係 | その他 | 合　計 |
|---|---|---|---|---|---|
| 11 年以下 | 1 | 0 | 4 | 5 | 10 |
| 12 年以上 | 0 | 0 | 0 | 3 | 3 |
| 合　計 | 1 | 0 | 4 | 8 | 13 |

3−9、表3−10）。

しごとのやりがい、難しさの両面において、販売の業績と客との関係がかかわっています。販売の業績は、カーライフアドヴァイザー個人の業績であり、しごとの関係は、業績を基盤とする個人主義です。それに対して、客との関係は、信頼を基盤とする人間関係として考えられています。ただし、この人間関係のなかに、会社の同僚との人間関係は、言及されてはいません。それゆえ、カーライフアドヴァイザーのしごとは、カーライフアドヴァイザーの業績による個人主義と、カーライフアドヴァイザーの客との信頼による関係の両面にあると言えます。

ここで、留意すべきことは、個人の業績とは、市場競争の原則において、車を売ることです。しかし、それは、客との関係と結びついてこそ、可能になるのです。

＊会社グループへの期待

自動車販売の会社は、自動車メーカーの会社と販売や資本の関係によりグループを形成しています。自動車販売のカーライフアドヴァイザーの人たちは、会社への期待を、自分たちが勤務している販売の会社にだけでなく、こういった会社のグループにも、さまざま期待を持っています。

男性の場合ですが、第一に、メーカーへの商品開発の期待が挙げられます。回答には、「新型車」、「魅力的な車」、「デザイン、燃費で抜き出る」、「環境問題をクリアする商品」、「売れる車をつくってほしい」といった、デザインを含む、広く技術への期待の記述がみられます。これは、勤務年数一二年以上の会社で中心になっているカーライフアドヴァイザーに顕著にみられます。

第二に、「国内、世界で上位の会社になる」というように、会社のグループが業界でトップに立つことへの期待が見出されます。技術についての期待の回答と、業界でのグループの業績についての期待の回答は、グループは、技術によって業績が期待できるわけですから、密接に関

表 3-11　会社グループへの期待　男性　（複数回答）

| 勤務年数 | 商品開発 | 業界でトップ | 客のニーズ | 労働時間 | 給料 | 労働環境など | 消極的回答 | 合計 |
|---|---|---|---|---|---|---|---|---|
| 11 年以下 | 13 | 6 | 0 | 6 | 6 | 12 | 2 | 45 |
| 12 年以上 | 21 | 4 | 6 | 3 | 5 | 7 | 2 | 48 |
| 合計 | 34 | 10 | 6 | 9 | 11 | 19 | 4 | 93 |

連しています。

第三に、会社のグループとしての技術や業績とは別に、「客の方を向いて仕事をしたい」という回答や、「客のニーズをつかんでほしい」という会社への期待の回答がみられます。

また、第四に労働時間（「休日のとれる会社」、「労働時間の短縮」）、第五に給料（「もう少し給料がほしい」）、といったように、働く条件の改善が会社に期待されています。その他として、「統合など説明がほしい」、「分業を明確にした効率」、「店舗の改革」など、会社の経営の問題が言及されています。なお、会社グループへの期待については、「特になし」、「会社に期待したが疲れた」といった消極的回答もみられます（表3−11）。

男性の場合と同じように、女性の場合も、技術と業績とが結びついた期待が見出されますが、女性の場合、「向上心を持てるような環境」、「上司の教育」、「働きやすい職場環境づくり」、「女性の育成強化」というように、男性が多数派の会社のなか

表 3-12　会社グループへの期待　女性　（複数回答）

| 勤務年数 | 商品開発 | 業界でトップ | 客のニーズ | 労働時間 | 給料 | 労働環境など | 消極的回答 | 合計 |
|---|---|---|---|---|---|---|---|---|
| 11 年以下 | 4 | 0 | 2 | 0 | 0 | 6 | 0 | 12 |
| 12 年以上 | 0 | 0 | 0 | 0 | 0 | 2 | 0 | 2 |
| 合計 | 4 | 0 | 2 | 0 | 0 | 8 | 0 | 14 |

で、同僚との人間関係からみた、働く環境の改善が示唆されているように思えます（表3－12）。

日本の労働組合は、企業内組合といわれ、会社ごとにつくられていて、産業や職業ごとにつくられているわけではありません。自動車販売の会社が、A自動車メーカーと販売契約をとおして、〈A〉グループをつくりますと、労働組合も、同じようにグループ〈A〉自動車販売労働組合をつくり、労働組合のナショナルセンターである連合に加盟することになるわけです。

会社のグループへの期待が、技術に結びついた業績にかかわっているのに対して、労働組合への期待は、働く条件にかかわっています。労働組合になにを期待するか、についての回答ですが、男性の場合と女性の場合とで、とくに差異があるようには思えません。第一が、「休日の取得」、「休みの充実」、といった労働時間にかかわる問題の解決の期待です。第二が、「賃金のベースアップ」、「ボーナスアップ」といった給料にかかわる

表 3-13　労働組合への期待　男性

| 勤務年数 | 労働時間 | 給料 | 働く環境など | 会社と交渉 | その他 | 消極的回答 | 合計 |
|---|---|---|---|---|---|---|---|
| 11 年以下 | 8 | 11 | 6 | 8 | 4 | 4 | 41 |
| 12 年以上 | 5 | 7 | 5 | 6 | 14 | 6 | 43 |
| 合計 | 13 | 18 | 11 | 14 | 18 | 10 | 84 |

表 3-14　労働組合への期待　女性

| 勤務年数 | 労働時間 | 給料 | 働く環境など | 会社と交渉 | その他 | 消極的回答 | 合計 |
|---|---|---|---|---|---|---|---|
| 11 年以下 | 4 | 2 | 0 | 1 | 1 | 2 | 10 |
| 12 年以上 | 1 | 0 | 0 | 1 | 0 | 0 | 2 |
| 合計 | 5 | 2 | 0 | 2 | 1 | 2 | 12 |

期待です。第三は、「業務改善」、「職場づくり」、「働きやすい職場」というように、会社の人間関係を中心とした、働く環境にかかわる期待です。第四は、「会社に意見を伝える」、「組合員のためにがんばってほしい」というように、労働組合が会社と交渉することへの期待です。その他は、「会社合同リクリエーション」、「組合のリーダー教育」など、です（表3-13、表3-14）。

カーライフアドヴァイザーの仕事の関係についてみますと、重要な点は、車を売るというカーライフアドヴァイザー個人の業績重視によって特徴づけられます。業績は、カーライフアドヴァイザー個人の努力だけでなく、会社のグループの中心にあるメーカーの商品開発の技術に依拠しています。また、車は、カーライフアドヴァイザーという人を介して客に売ることができるわけで、それゆえ、カーライフアドヴァイザーと客との信頼関係が不可欠であると考えられています。

カーライフアドヴァイザーの仕事に必要な商品についての知識は、会社の研修会や同僚をとおして得られますが、これまで、会社での同僚との人間関係をとおしての協働はさほど重視されてこなかったようです。

個人のカーライフアドヴァイザーの客への訪問販売から、ショールームでの販売方式を導入することで、労働時間を減らすということが、多くの自動車販売の会社で検討されています。そうしますと、会社のショールームでの協働も重要となるかもしれませんし、業績が個人でなく協働で考えられるようになるかもしれません。

労働組合に対しては、主として労働時間と給料のバランスの問題に期待がよせられていて、「期待していない」といった消極的回答は少ない、と言えます。

（中村哲也＋原山哲）

4・技術を女が問い返す――Nurses

＊患者との関係とチームワークの重視

看護師の仕事でやりがいを感じるときとして挙げられていたのは、「患者の笑顔」や「患者からありがとうと言われる」、「患者から信頼される」といった患者との関係において肯定的な感情が感じられるときや、「患者が元気に退院」、「重症な患者が回復」、「患者が訴えていた不具合が解消」といった、患者の身体に良い影響があったときでした。つまり看護師は、そのサービスの主たる対象である患者を中心として、その人にとって良い医療、看護を提供されることをもっとも重視しており、その過程で良い人間関係が構築されることをやりがいと感じています（表3－15）。

また、こうした患者との一対一の関係とともに、「スタッフが一丸」という回答で表現されていたように、同僚の医療者とともに良い仕事がなされたときにもやりがいを感じていました。さらに、「患者のことでチームが協力すること」、「チームで話し合い、良い意見が出たとき」という回答も挙げられており、患者と看護師の一対一の関係だけではなく、患者を中心と

表 3-15　しごとでやりがいを感じるとき

| 経験年数 | 患者の心身への影響 | 治療の進行 | 患者との関係 | チームの協働 | 業務の条件 | 合計 |
|---|---|---|---|---|---|---|
| 6 年未満 | 16 | 1 | 14 | 5 | 3 | 39 |
| 7 年以上 | 10 | 2 | 16 | 10 | 1 | 39 |
| 合　計 | 26 | 3 | 30 | 15 | 4 | 78 |

して関連するさまざまな人物がチームとなり、一つにまとまって患者にとって良い影響が出るよう協力できたときにもやりがいを感じていました。さて、ここで看護師が「チーム」といっている人物には、同じ病棟で働く看護師、医療スタッフたちはもちろん、患者や患者の家族なども含まれています。

たとえば、脳内出血のために入院していて、右半身に麻痺があるAさんを想像してみてください。Aさんは今はまだ点滴や医療的な処置が必要な状態でも、いつか症状が落ち着けば、退院しますから、その後の生活のことを考えなければなりません。看護師はそうしたAさんの状態について、現在の状態に異常がないかについてはもちろん、今後どうなっていくのかということも予測しながら、二四時間交代で受け持っています。そしてそれぞれがAさんに、どのくらいの麻痺があり、どんなことを自分ひとりですることができ、どんなことに誰かの支援が必要か、そして、退院後の生活のことをどう考えているか、などに関する情報を、日々のかかわりのなかから収集します。またAさんに家族がいれば、A

さんの右半身に麻痺がある状態で退院した場合のことも考慮しながら、同居者は誰なのか、その人は健康なのか、経済的な状態はどうなのか、家のつくりはどうなっているのかなどについても情報を収集しておきます。もしかすると行政や福祉サービスの利用も考慮するでしょう。そこで、医師や理学療法士・作業療法士といったリハビリの専門家、社会福祉士などのソーシャルワーカー、訪問看護師など、必要だと考えられる専門家と連絡をとり、そこで出来上がったAさんを中心とした関係者のチームで治療方針を考えるのです。

また、「治療の進行」と分類される回答は多くありませんでしたが、これは看護師が治療が進行した結果どうなったかに注目し、患者に良い影響があったということが重要視され、その回答が「患者の身体への影響」に分類される内容だったからだと考えます。

このように看護師の仕事は、患者との一対一の良い関係性の構築と患者の回復、という結果だけではなく、患者のために、同僚や家族など患者にかかわる人々と協力する姿勢を持つ、といったプロセスにもやりがいを感じており、なにより患者の利益を追求することへの志向性が大変高いことがわかります。

逆に看護師が、しごとが難しいと感じるときは、「仕事が終わらない」、「時間内に業務を終えることができない」、「超過勤務が多い」、「人員が不足している」など、業務の条件に対する

表 3-16　しごとで困難さを感じるとき

| 経験年数 | 患者の心身の状況 | 治療の進行 | 患者との関係 | チームの協働 | 業務の条件 | 合計 |
|---|---|---|---|---|---|---|
| 6 年未満 | 8 | 2 | 12 | 10 | 6 | 38 |
| 7 年以上 | 5 | 2 | 9 | 16 | 8 | 40 |
| 合　計 | 13 | 4 | 21 | 26 | 14 | 78 |

負担感が挙げられていました。二〇〇九年に日本看護協会が行った調査によると、全国で約二万人の看護職が過労死の危険がある状態で勤務し続けている、と言われています。[i] しかしそのような状態にあっても、看護師が同じくらい困難であると挙げていたのは、「患者の状態の悪化」や「患者の死」といった患者の身体的な状態にかかわることでした。

さらに、「患者に十分関わる時間が取れないとき」、「患者の思いを受け止めきれないとき」など、患者との関係について、「やりがいの」裏返しとも言える事象についても多く挙げられていました。また、「医師とのコミュニケーション」、「他部署との交渉」といった、職場での他職種、他部署との人間関係に関すること、「若手看護師の教育」、「看護スタッフ間のトラブル」など、チームの協働に関することも挙げられていました。経験年数が多い看護師に、患者との直接的な関係に関することよりも、チームとの協働に関する困難が多く挙げられていたのには、彼らのなかに管理職がふくまれており、より管理的な視点でみずからの仕事を評価している結果であると考えることができます（表3-16）。

医療はチームで提供しているということを、やりがい、の部分で触れました。そのようにするにあたって必要不可欠な良好なコミュニケーションに関連して、それが妨げられるような状況があれば、看護師は困難を感じていました。そのような病院という組織の特徴の一つとして、看護師をはじめとする、働く人たちの多くが国家資格を持っており、専門職集団の集合体である、ということが挙げられると思います。お互いの職域は重複したり、深く関連したりしている半面、それを取り巻いているのは、異なった教育背景や専門職としての理念を持った異質な集団です。ですから、時に意見が対立することがある、ということは前提としてとらえ、建設的に協調しながら働くことが重要になってくるのです。

また、患者が痛みを訴えたり、状態が悪化したとき、亡くなったときに困難と感じるのは、医療にかかわる職業を選択する限りどうしても避けることができないことです。どんなに満足のいく医療、看護を提供することができたとしても、医療には不確実性があり、人間の死亡率は一〇〇%であるからです。そうした現実があることを知っているからこそ、看護師はいつでも患者に十分時間をとって関わろうと努力し、患者の思いを受け止めようと努め、それらが達成されないとき、やはり困難を感じるのです。「仕事が終わらない」、「超過勤務が多い」に関しても、患者一人ひとりに十分な時間をとろうとすると、その結果こうなってしまうという結果としての出来事だとも考えられます。このように看護師が仕事に対して、やりがいを感じるのも困難を感じるのも、患者との関係性による部分が大きいということがわかります。

看護師の場合、患者との関係、およびチームとの関係が重要であることが、わかりました。これらの関係は、医療技術の適用だけでなく、そういった技術の適用を、患者の立場から、また、その患者の立場をチームで考えながら、問いかえしていくことになるでしょう。

## ＊ 行政への期待VS働く条件の改善

一般の会社に比べ、病院を含めた看護師が働く医療や福祉の分野は、多くの法律や制度によって規定され、制約を受けています。たとえば、病院に入院する患者の数に対して何人の看護師を雇用するかなどによって、病院に支払われる診療報酬（医療機関が行った医療サービスに対する対価として受け取る報酬の額）は、国によって決められています。したがって、関連する法律や制度の改正は、看護師の仕事のあり方に直接的に影響を与えており、看護師は行政のあり方や、医療改革の動向に関心を持っています。そこで、看護師に対してどんな医療行政改革を期待をしているかを質問し、回答は自由に記載してもらいました（表3－17）。

なにより「残業を少なくする」、「安心して業務ができるような人員増」などの、労働時間・

表 3-17　行政への期待

| 経験年数 | 診療報酬 | 労働時間・人員 | 給料 | 地位向上 | 継続教育 | 消極的期待 | 合計 |
|---|---|---|---|---|---|---|---|
| 6年未満 | 4 | 12 | 5 | 3 | 0 | 6 | 30 |
| 7年以上 | 5 | 12 | 5 | 3 | 1 | 3 | 29 |
| 合　計 | 9 | 24 | 10 | 6 | 1 | 9 | 59 |

人員確保に関する期待が多く挙げられています。また、給与に関しては「仕事、責任に対して見合った給料を」、「給与や手当てを見直して欲しい」、「無報酬残業をなくしてほしい」といった意見が挙げられています。これは単に価格の問題ではなく、労働に対する対価を正当に認められるような制度を確立して欲しいということであると思いますが、行政への期待という前に、働く病院の給与体系や労働条件がどうなっているのか、そこに改善の余地はないか、という点についても考慮することが必要だと思います。ただし、たとえば制度として決まっている診療報酬は、病院が医療サービス提供の対価として受け取る報酬であり、収入ですから、働いている看護師の給与とも関係があるとも言えます。そこで、「なんらかの看護技術を行ったことに対する診療報酬を認めて欲しい」といった内容の記述も多くありました。これは、現在の診療報酬では、看護師の労働が必ずしも直接に病院の収入に結びつく仕組みになっていないことを指摘した意見です。(2) 前述したように、看護師の人数は、診療報酬と深く関係していますが、看護師が何人存在する、という数字だけではな

く、その看護師が行った看護技術に対しても、相応の経済的評価をして欲しい、という要望であると考えます。

また、看護師という専門職集団を代表する職能団体の一つに、日本看護協会があります。日本看護協会は、保健師・助産師・看護師・准看護師が自主的に会員となる全国組織の職能団体です。先ほども述べたとおり、看護師の仕事は制度や政策のあり方と密接に関連していますが、このように国レベルで検討される課題に対し、看護師一人ひとりの力で問題点を指摘し、改善を図るということは大変困難です。そこで、日本看護協会は看護師を代表して保健・医療・福祉に関連する制度・政策に対して提言を行っています。ただし、日本看護協会は労働組合ではありませんから、看護師の利益だけを追求するものではありません。医療や介護の現場を知っている看護の視点で政策提言を行うことによって、より良い国づくりをめざしたい、というのが根底にある考えです。なお、看護師のみに絞ったデータではありませんが、医療者・福祉従事者の労働組合組織率は八・五％と他の産業に比べると低く[ii]、看護師の働く環境についても、職能団体としての日本看護協会が発言する機会が多くなっています。

行政への期待が看護師の労働環境に関連する事柄に関連しているのと同様に、日本看護協会への期待も看護師の労働時間や人員に関する問題の解決への関与が多く挙げられており、とく

表 3-18　日本看護協会への期待

| 経験年数 | 診療報酬 | 労働時間・人員 | 給料 | 地位向上 | 継続教育 | 消極的期待 | 合計 |
|---|---|---|---|---|---|---|---|
| 6年未満 | 0 | 6 | 0 | 3 | 5 | 4 | 18 |
| 7年以上 | 1 | 5 | 0 | 8 | 6 | 2 | 22 |
| 合計 | 1 | 11 | 0 | 11 | 11 | 6 | 40 |

に「労働環境の改善を政府に働きかけてほしい」など、行政への働きかけを行うことも期待していました。また同時に、「卒後教育の充実」、「専門的研修」、「研修制度の充実」など、看護師が働きながら学ぶことができる機会を提供することに対しての期待も寄せられていました（表3-18）。

さらに行政に対しても日本看護協会に対しても、「看護師の地位向上」という期待も挙げられていました。地位向上という言葉が意味することが具体的に何なのかについては不明確で、看護師のどのような点について、社会的地位が低く、向上を図る必要性があるのかは、回答者の記述からも読み取ることができませんでした。ただ、看護師が看護という職業の社会的地位を向上を望む、と長年言い続けていることは事実です。たしかに明治維新の頃に日本の看護師（当時は看護婦）の仕事は「良家の子女のすべきことではない、教養もなにもない下層社会の婦人が携わるものである」[iii] と言われていたそうです。そして、第二次世界大戦後の占領下、GHQはあまりに低い日本の看護職の地位を向上させるため、一九四八年に保健婦助産婦看護婦法（現在の保健師助産師看護師法）を制定し、教育課程を規定するなどさまざまな努力を行いました。この法律によって看護婦（当時）が国家資格となったことや、まだ当時女子の高学歴化が進んでいなかった時代に、高校卒業後三年の教育を義務づけたことは、革命的な出来事であったと言われています。

さて、それから六十年を経た現在も、看護師は同じ悩みを持ち続けているのでしょうか。地位を向上しなければ、という言葉のなかには、看護師がもやもやと抱えている現状への不満や不全感が包含されているのではないかと思います。これからは言葉にできていない悩みについても、もっと明確に語らなければいけないのだろうと思います。

（井部俊子＋奥裕美）

（1）上野千鶴子は、会社中心の男性が、会社を退職すると、それまで、人間関係を見出すことが困難になる、と指摘している。上野千鶴子著『男おひとりさま道』二〇〇九。

（2）看護師は、「傷病者若しくはじょく婦に対する療養上の世話または診療の補助」を行う者であると、保健師助産師看護師法第五条によって定められていますが、具体的に業務の範囲を定めることは大変困難です。そこで、看護師の役割については、診療報酬制度における「入院基本料」によって金銭的な評価とされています。入院基本料には看護のほか、医師の基本的な診療行為、入院環境（病室・寝具・浴室・食堂・冷暖房・光熱水道など）の対価がふくまれています。また、患者の人数に対する看護職員の配置数が多いほど、診療報酬として病院に支払われる金額が高くなっています。

### 文献


i　日本看護協会　時間外勤務、夜勤・交代制勤務等緊急実態調査　二〇〇九
ii　平成一八年　労働組合基礎調査の概要　厚生労働省
iii　田中壽美子（一九四九）　看護婦も労働婦人である　看護学雑誌　六（三）二一―一一

# 4

＊　＊

# 異なるプロフィールの重なり合い

これまで、しごとへのコミットメントについて（第2章）、しごとの関係について（第3章）、ジョブカフェの若者の男性、女性、カーライフアドヴァイザー、看護師の四つグループに実施したアンケート調査の結果から、考察してきました。この第4章では、これまで明らかになったことを、総合してみることにします。

ここでは、アンケート調査によって得られた自由記述の回答で、知識のアップデートの仕方、しごとのやりがい、しごとの難しさ、の三項目に限定して、総合的に考察します。回答のカテゴリー、および回答者の属するグループの間に、どのような結びつきがあるか、多重コレスポンデンス分析（multiple correspondence analysis）という多変量解析の方法で、データを分析しました。[1]それによって、異なるしごとの世界を、より鳥瞰的な視野から簡潔に比較することができるようになります。すなわち、ジョブカフェの若者男性（YM）、若者女性（YW）、カーライフアドヴァイザー（CLA）、看護師（NRS）の四つのグループのプロフィールを比較してみるのです。

# 1．回答カテゴリーとグループとを空間に位置づける

分析にあたって、回答は、一人が複数回答している場合を考慮して、あらかじめ、次のように回答をカテゴリー化しなおしています。すなわち、第2章、第3章での回答のカテゴリー化を単純にするために再カテゴリー化するのです。

まず、知識のアップデートの仕方は、しごとへのコミットメントを考察するうえで、もっとも重要です。知識のアップデートの仕方の回答のカテゴリー化については、①職場内、②職場内外、③職場外、④個人のみ（回答なし含む）、という四つの場合に分けています。ここで注意しなければならないことは、知識のアップデートが、職場内に限られるのか、職場内だけでなく職場外でも試みられるのか、それとも、職場外に限られるのか、また、本やインターネットなど個人的な試みだけなのか、ということです。

つぎに、しごとのやりがいについてですが、①達成、②クライアントの関係、③チームの関係、④人間関係と自分、⑤労働条件など（無回答含む）、というように再カテゴリー化します。④のカテゴリーの「人間関係」は、回答者によってチームやクライアントといった区別がな

く、漠然と人との関係に言及されている場合ですが、ここでは、人間関係をとおして実現されると考えられる「自分さがし」をいっしょにふくめています。

仕事の難しさについては、やりがいについてのカテゴリー化と似ていますが、①達成、②クライアントの関係、③チーム、④人間関係と知識、⑤労働条件など（回答なし含む）、というように再カテゴリー化されます。難しさにおいては、④のカテゴリーですが、「人間関係」の問題と、自分の知識の不足が関連していると考えられるので、このカテゴリーに「知識」をふくめています。人間関係でのやりがいは自分さがしであるのに対して、人間関係の難しさは知識の不足によるとみなされていると考えられるからです。

ここでは、ジョブカフェ、会社、労働組合、職業団体への期待についての回答は、四つのグループの間において、比較のための十分な共通の基準を見出すことができないので、ふくめないことにします。たとえば、ジョブカフェの若者は、男女ともに、ジョブカフェへの期待は回答できても、会社や労働組合についての期待をイメージすることはできないでしょう。また、看護師は、カーアドヴァイザイーとは違って、勤務先や労働組合よりも、職業団体への期待が明確であると言えるでしょう。

回答についての多重コレスポンデンス分析の結果は、図4－1（一一八頁）に表されています。多重コレスポンデンス分析の結果をどのようにみるかは、一見してわかりにくそうでも、なれてしまうと簡単です。

この図のX軸とY軸の交差する空間において、プロットされている回答のカテゴリーが、相互に距離が近いほど結びつきがありますし、逆に、相互に遠いほど結びつきがない、ということになります。言い換えれば、相互に結びつきがある回答カテゴリーとは、相対的に多くの人たちが同時に回答しているカテゴリーです。

また、図の空間において、ジョブカフェの若者の男性、ジョブカフェの若者の女性、カードヴァイザー、看護師のグループが、これらの回答カテゴリーの位置に対して、どのように位置しているかを、みることができます。すなわち、ある回答カテゴリーとあるグループとが近いと、その回答カテゴリーは、そのグループの相対的に多くの人たちが回答しているカテゴリーである、ということになります。

## 2. 他者からの承認、言語表現の周辺

実際に、分析の結果についてみてみましょう。

図4-1の空間の左側のやや上にみられる回答カテゴリーは、知識のアップデートの仕方である「職場外」(kOutside)、しごとのやりがいでは「人間関係と自分」(mHumanRelationsSelf)、難しさでは「人間関係と知識」(dHuamanRelationsKnowledge) です。

また、これらの回答カテゴリーには、ジョブカフェの若者男性 (YM)、および若者女性 (YF) のグループが近くに位置していて、若者男性、若者女性の二つグループは、ほとんど同じ位置にあると言えます。

ジョブカフェの若者の男女は、転職を求めているので、知識のアップデートは、「職場内」や「職場内外」ではなく、ジョブカフェで実施するセミナー、専門学校など、もっぱら「職場外」です。

若者の男女の場合の「人間関係」は、クライアントやチームといった区別はなく、漠然と「人」からの承認を意味しています。それゆえ、この「人間関係」は「自分さがし」、すなわち

アイデンティティさがしと密接に関係があります。若者の多くが、男女ともに、他者からの承認と、それによる自分探しに、しごとのやりがいを求めているようです。

しかし、しごとの難しさは、「人間関係」とともに、「知識」の不足にあると考えられていて、一方における自分の承認への希望と、他方における知識への不安とが、ともにみられると言えそうです。

このように、ジョブカフェの若者男性、および若者女性のグループは、漠然とした人の人間関係を重視する領域、文化のレパートリーを、しごとにおいて見出そうとしていると言えます。

ところで、図の空間の左下ですが、知識のアップデートの仕方について、本を読む、インターネットでの情報収集などの「個人」(回答なし含む)(kIndividuallyNA)で、という回答カテゴリーがあり、また、やりがい、難しさについては、ともに「労働条件など」(mWorkConditonsNA,dWorkConditonsNA)(回答なし含む)の回答カテゴリーが見出されます。しごとのやりがい、難しさということになりますと、給与、労働時間の問題は、どのグループからも距離があり、比較的周辺のことであると言えます。しかし、これらの問題が、どのグループにとっても重要ではないということなのではなく、やりがいや、難しさというテーマは、給与や労働時間の問題とは別に考えられていて、ここでのトピックをめぐる言語表現の空間からみれば、周辺の問題とされていると考えられるにすぎません。

## 3．市場での個人の競争、技術のチームによる適用

つぎに、図4-1の空間の右上には、知識のアップデートの仕方で「職場内」(kPW)の回答カテゴリーがあり、やりがいで「達成」(mFulfill)、「クライアントの関係」(mClient)、また、難しさでも「達成」(dFulfill)、「クライアントの関係」(dClient)が見出されます。図の空間の右下には、知識のアップデートで「職場内外」(kInsideOutside)のカテゴリーがあり、やりがい、難しさについては、ともに「チームの関係」(mTeam, dTeam)が近くにあります。

言い換えれば、空間の右上は、職場内の知識に基づいて、クライアントを相手にした達成が重要視されていることを意味しています。他方、空間の右下は、職場内外の知識に基づいているのですが、むしろチームの関係が重要視されています。

右上に位置しているグループは、カーアドヴァイザー（CLA）で、知識のアップデートは

「職場内」でされる傾向にあることが示されていますが、彼らにとっては、市場で自動車を販売するという意味での「達成」だけでなく、「クライアントの関係」を良好にすることが、彼らに重視されていることがわかります。

看護師（NRS）のグループは、右側のやや下にあり、知識のアップデートは「職場内外」でされる傾向があると言えます。そして、この看護師のグループは、やりがい、難しさの両方からみて、右上の、「達成」と「クライアントの関係」、および右下の「チームの関係」の間に位置しています。すなわち、看護師にとって、クライアントの身体への技術の適用によるケアが「達成」ですが、それと同時に、「クライアントの関係」「チームの関係」が重要視されています。

カーアドヴァイザーにおいては、自動車の販売である達成は、市場での競争に勝ち抜くことです。自動車についての知識のアップデートは、メーカーとグループの関係にある販売会社の職場内を中心になされます。市場競争は、まず異なるメーカー間の競争であるわけです。しかし、クライアントの関係も重要ですが、チームの関係にはほとんど言及されることがありません。チームとしてよりは、カーアドヴァイザー個人が、市場の領域でクライアントに向かい合っているかのようです。

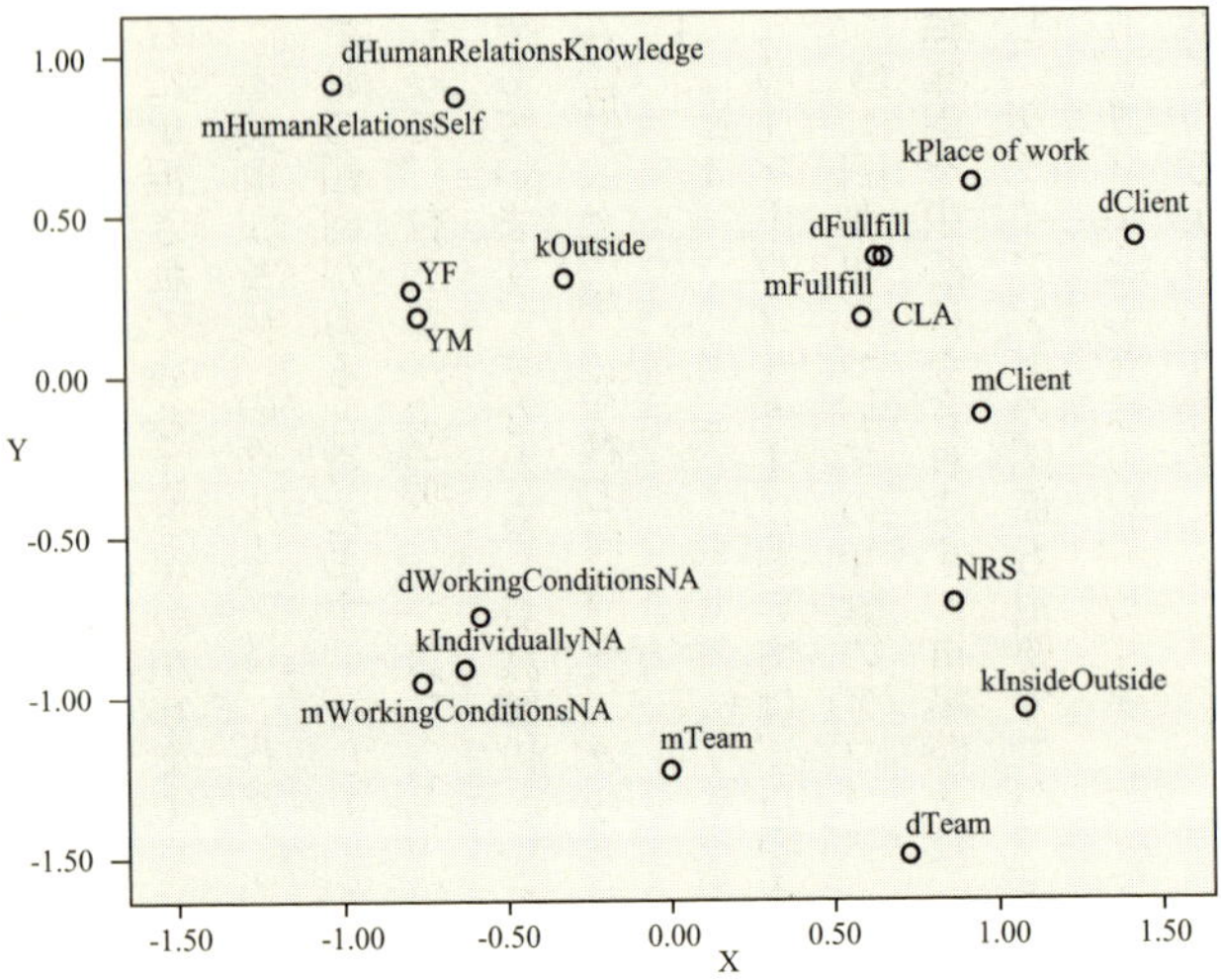


**図 4-1　多重コレスポンデンス分析による仕事の世界の比較**
（若者男性 YM、若者女性 YF、カーライフアドヴァイザー CLA、看護師 NRS）

**知識（knowledge）**
kPW: 職場内；kInsideOutside: 職場内外； k Outside：職場外、kIndividuallyNA：個人（回答なし含む）.

**やりがい（motivation）**
mFulfill: 達成；mClient: クライアントの関係；mTeam: チームの関係；mHumanRelationsSelf: 人間関係と自分；mWorkConditionsNA: 労働条件など（回答なし含む）.

**難しさ（difficulty）**
dFulfill: 達成；dClient: クライアントの関係；dTeam: チームの関係；dHuamanRelationsKnowledge: 人間関係と知識；dWorkConditonsNA: 労働条件など（回答なし含む）.

**グループ**
YM: 若者男性；YF: 若者女性；CLA: カーライフアドヴァイザー；NRS: 看護師.

看護師の身体へのケアは、市場競争より、医療の技術の適用にかかわっています。この技術にかかわる知識のアップデートは、職場内に限らず、職場の範囲をこえて、看護師としてのプロフェッションに共通の領域でなされる傾向があります。他方、カーアドヴァイザーとは対照的に、この技術の適用の領域での達成は、医師などの他の医療職とのチームが重要とされているのです。

このように、しごとの場所は、それが市場を中心につくられるのか、チームを中心につくられるのか、ということを考える必要があります。

## 4．四つの場所のつくり方

以上に検討した図4-1の空間は、しごとの場所の四つのつくりかたを示しています。この空間は、知識のアップデート、しごとのやりがい、難しさの三つのテーマに関する言語的表現によってつくられています。

第一に、図の空間の右下から左上への対角線は、**チームの協働**の重視から、**人間関係と自分さがし**の重視の対立がみられます。この対角線は、集団と自分をめぐる対角線です。すなわち、それは、一方におけるチームにおける集団の優先の観点と、他方における自分の承認が優先する観点との対立を示しています。

空間の左上には、知識のアップデートの「職場外」、およびやりがいの「人間関係と自分」、難しさの「人間関係と知識」がみられます。ここでは、組織が技術を中心とするチームよりも、他者による自分の承認を中心としています。たしかに、一般的に言って、人が社会で生きるうえで、自分の他者による承認は、どこにおいても重要かもしれません。クラシックな社会学の観点からみますと、自分の形成にとって重要な社会化の環境は、家族や幼少の時期の仲間集団、すなわち、プライマリー・グループ（primary group）と呼んでいる集団です。[2] このような自分の承認が、職場においても肝要であるということを発見したのは、二〇世紀中葉のアメリカの「人間関係学派」（human relations approach）と言われる集団・組織論の社会学者たちであったのですが、その発見は、現在においても妥当すると言えるのではないでしょうか。プライマリー・グループは、人間がいるところ、どこにでもある、というわけです。

第二に、図の空間の右上から左下への対角線は、**市場の競争と技術の適用**の重視に対して、**労働条件**の重視の対立がみられます。この対角線は、一方における、市場や技術の効率性、合理性のしごと中心の観点と、他方における、しごとに対する生活のバランスの観点との対立を示しています。

　図の空間の左下には、知識のアップデートの仕方について「個人など」の回答カテゴリー、また、やりがい、難しさについての「労働条件など」の回答カテゴリーには、無回答を含めています。個人での知識のアップデートは、職場内や職場外の制度にかかわるところでの知識の習得に対して周辺的です。また、労働条件についての言及は、しごと自体への関心と比べますと、同様に周辺的と解釈できます。無回答は、この言語的表現の空間において周辺的ですから、これらの回答カテゴリーに含めているのです。

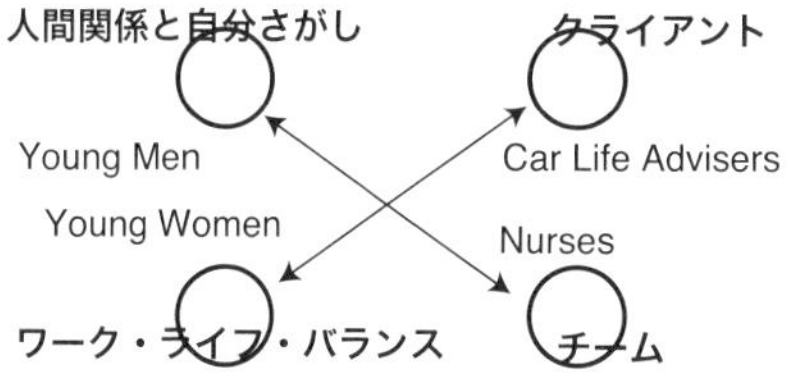


図 4-2　四つの場所のつくりかた

　周辺的というのは、あくまでも、回答の言語的表現によって構築される空間にとって周辺的という意味で、調査の実施において別のテーマについての問いへの回答、労働組合、職能団体への期待についての問いへの回答を考慮にいれると、この空間は拡張され、労働条件は、周辺的な問題ではなくなります。しかし、ここでは、知識のアップデート、しごとのやりがい、難しさの三つのテーマにしぼって、考察をしているのです。

図4-1の空間から読み取れることを、より簡単に図式化したものが、図4-2です。

## 5．異なる文化のレパートリーの顕在化

しごとの場所とは、人々がコミットする、つまり、かかわるところです。言い換えれば、人生のある部分を投資するところです。場所があってかかわるだけでなく、かかわるから、そこに場所がつくられる、とも言えます。さまざまな場所のつくられ方があり、これまで、市場、チーム、プライマリー・グループといったつくられ方があることをみてきました。

このように、異なる場所のつくられ方が見出されるということは、会社中心の時代が終わったということを示しているのではないでしょうか。

それらの場所は、価値・規範が異なっていて、フランスを中心に展開されてきた社会学・経済学の理論によりますと、これらの価値・規範は、無関係ではなく、相互に対立、妥協して、しごとの場所をつくるなかで顕在化される「文化のレパートリー」(cultural repertoires) あるいは、「コンヴェンション」(conventions) であるとみることができます。(3) これらの異なった文化のレパートリーは、そのすべてが、どのようなしごとの場所でも潜在的には現れる可能性があ

ります。しかし、特定の状況のなかで、それらが対立、妥協し、どれかが優位になり、顕在化するのです。

「文化のレパートリー」は、潜在化されているものと、顕在化されているものとを考慮にいれるなら、どこでも普遍的に存在すると想定されます。言い換えれば、**「文化のレパートリー」について考えることは、普遍的に考えようとすることです**。たとえば、単純化して言いますと、アメリカ人は市場の競争を重視するが、日本人はチームを重視する、ということは、特定の歴史社会的条件においてのみ言えることにすぎません。社会経済のグローバル化のなかで、日本人が、突如として、アメリカ人をしのぐ市場競争を重視する人間に変身するかもしれないのです。だからといって、国民社会や、それをこえた国際的なエリアの歴史社会的条件の異質性が、消失してしまうということもできません。

ここで検討した、四つのグループ、すなわち、若者男性、若者女性、カーアドヴァイザー、看護師は、異なった文化のレパートリーを顕在化させています。

転職を希望する若者男性、若者女性は、ともに、プライマリー・グループにおけるような文化のレパートリーを復権させ、しごとの場所をつくることを考えているようです。他者からの承認による自分さがし、これが、転職ということの意味するところです。このようなプライマリー・グループの復権は容易なのでしょうか。しかし、職場外で知識のアップデートを行いつつ、ゆるやかな自分の承認の関係をつくることを求めて、職場を変えていく、こういったしごとの場所のつくりかたも可能である、と言えるのではないでしょうか。

カーアドヴァイザーにおいては、知識のアップデートは職場内ですから、会社への比較的持続的なかかわり、コミットメントが想定されています。そこでの財・サーヴィスの市場は、よりも多くの人々の欲望を満たす競争で成功することが重要です。こういったコミットメントの仕方や、成功への重視が、しごとの場所のつくられ方であるのです。

看護師のしごとの場所をつくる文化のレパートリーですが、知識のアップデートが職場内だけでなく外部の職能団体ででも行われていますから、特定の病院施設ではなく、プロフェッションへのコミットメントが想定されます。そこでは、技術開発を行うエンジニア（医療では医師になります）のリーダーシップによる優れた技術の適応が重要なのです。

## 6．男女の差を若者がのりこえるのか？

ジェンダーの社会学が明らかにしてきたように、女性が、男性に比較して、しごとにおいて親しい人間関係を重視するとすれば、それは、女性が男性よりも家族にコミットしているだけでなく、家族の領域に適合的な文化のレパートリーを、クライアントの関係や同僚のチームの関係のように、市場、企業の領域にも適用するからです。このような領域の重ね合わせは、対立ではなく妥協によって可能となります。

しかし、親しい人間関係、すなわちプライマリー・グループの文化のレパートリーは、どこにおいても存在するようです。転職を希望するジョブカフェの若者は、この点において、男女のグループの間の差は、みられません。この若者の世代では、これまでの性役割分業のあり方は、消失しているかのようにみえます。

しかし、このような男女の差が消失しているようでも、そこにはパラドックスがあるのではないでしょうか。男女差があった状態から男女差が消失した状態との経過に注意すれば、別の男女差が現れているのではないかと思われます。つまり、若者の男性が親しい人間関係を望むのは、市場の競争や技術の適用という達成の価値・規範に消極的になっているからなのでしょうか。あるいは、若者の女性は、人間関係において男性と対等になることで、積極的な自分を見つけようとしているのでしょうか。

私たちは、異なる文化のレパートリーの対立、妥協のなかにいます。カーアドヴァイザーは、男性が多数派です。これまでの日本社会の性役割分業のあり方、会社で働く男性、家庭の主婦をする女性というイメージと、この会社にコミットするカーアドヴァイザーのグループは一致します。ところで、カーアドヴァイザーは、市場の競争の重視とともに、クライアントの関係も重視しています。クライアントの関係は、それが市場においてであるとはいえ、他者による承認とも言えます。看護師の場合、プロフェッションにコミットする、という点では、これまでの性役割分業を変えていくことが期待できるでしょう。また、技術の適応が重要であるとはいえ、それにともなうクライアントの関係、チームの関係は、他者による承認でもあると言えます。

もしかしたら、他者による自分の承認の文化のレパートリーは、どのしごとの場所をつくるところへも浸透していく、と考えることができるのかもしれません。

ジョブカフェの若者男性、若者女性、カーアドヴァイザー、看護師、の四つのグループのプロフィールを比較してみると、これらのグループのプロフィールは、相互に独立しているのではなく、文化のレパートリーという観点からみると、重なり合っている部分があると言ったほうがよいでしょう。

このように考えると、男女にみられる格差や、世代間に継承される格差を変えていくような、しごとの場所のつくり方、まだ潜在的な文化のレパートリーを発見し、協力し合って構想していくことができるかもしれません。

（原山哲＋フィリップ・モッセ）

（1）多重コレスポンデンス分析によるデータ処理には、SPSS19.0 Categoriesを使用した。標本数は、左記のとおりである。

表4-1　標本

| グループ | 標本数 |
|---|---|
| カーアドヴァイザー | 101 |
| 看護師 | 73 |
| 若者男性 | 105 |
| 若者女性 | 54 |
| 全体 | 333 |

また、X軸およびY軸の固有値とイナーシャは、左記のとおりである。

表4-2

| 軸 | 固有値 | イナーシャ |
|---|---|---|
| X軸 | 1.838 | 0.613 |
| Y軸 | 1.379 | 0.460 |
| 総計 | 3.217 | 1.073 |

（2）プライマリー・グループの理論は、二十世紀はじめのC. H. Cooleyによって提唱されたが、その後、集団・組織論における人間関係学派において引き継がれたとみることができる。
（3）「文化のレパートリー」あるいは「コンヴェンション」の理論は、本書の、第1章で言及したように、P. Bourdieuの社会学理論の批判を契機として、多次元の社会経済の領域の解明をめざしている。

5

＊＊

# フランス・モデルは日本で取りいれられるのか？

――しごとのフレキシビリティについて

これまで、日本における、ジョブカフェの若者、自動車販売のカーライフアドヴァイザー、看護師について、しごとの世界をみてきました。本章では、国際比較という視点を導入し、フランスの場合を取りあげてみましょう。若者の失業の問題が生じたのは、日本では一九九〇年代以降であるのに、フランスでは、もっとはやく、一九七〇年代からでした。それゆえ、若者の就業支援の国家による施策の試みは、日本より、取り組みがはやく、若者の就業支援は、しごとの資格を取得する職業訓練への助成を実施してきました。この点は、日本より充実していて、求職活動へカウンセリングに重点をおく日本の場合と異なっています。

## 1．国民社会のコンテクストにおける「まとまり」

よくあることですが、ある一つの国がモデルとして選ばれ、その国の視点と尺度から、ほかの、さまざまな国々の事例が、分析されてしまうと、それらの事例が、問題の解明のために役立てられなくなってしまう。すなわち、国際比較のための、より包括的な分析の理論枠組みがなければ、議論をしても、そこから引き出される政策論は、ほとんどスローガンの域を出ないことになるのではないでしょうか。

それゆえ、それぞれの国の、これまでの問題設定と解決法を「脱自然化」する、つまり、当然のこととされていた見方を問い直す必要があり、そのために、それぞれの国の、みずからの見方それ自体を距離化するという国際比較の利点を活用することが重要です。この章では、私たちは、この方向での研究について、言及することにします。

異なった国民社会に根ざす論理を比較することによって、それぞれの国民社会の状況をより深めた仕方で解明できるだろう。そうすることで、同時にまた、外国から強要されたり移植されたりする変化ではない、それぞれの国の自律的な変化の道筋について、より適切に考えることができるのです。

要素間の普遍的関係（それを機能的関係と呼ぶ）のみをみて、異なった国民社会の状況の特殊性をみようとしない「機能主義」（fonctionnalisme）といわれる社会理論の誘惑、そして、それと密接に結びついているのですが、異なった規制の様式を許容せず一元化してしまおうとする政治の傾向は、いずれも一致して、グローバリズムによる同質的な世界観に立っていて、単純な収斂理論に依拠していると考えられます（Maurice, 1989, 2002）。

しかし、こういった単線的な見方は、つぎのような点を考慮していません。つまり、同一にみえる改革が国によって異なる要求に対応するだけでなく、さらに、それらの改革は、これまで行われてきた実践に対して、支持、対立、修正などの立場をとることになる、ということです。それゆえ、それらの改革は既存のシステムを転換しようとするのですが、それぞれの国の異なった既存のシステムがあり、そこで、さまざまな帰結が生ずるのです。

それゆえ、ある国の改革の要素を他の国へ「移転」するという発想は、一般に、ある国の政策を他の国において実験し評価する、いわば「ベンチマークテスト」を行うという考えに基づいているのでしょう。しかし、この「移転」という発想は、つぎの点で両義的です。一方では、それは、すべてが移転可能なのではないという事実に注意をむけることになります。そこで、国々の特殊性を無視する「機能主義者」は、自分たちの哲学の限界を認識せざるをえません。さらに、この移転という考えに依拠すると、ある改革を確定する際、それを「実施」に移す際に生ずる、さまざまな帰結の問題の重要性を無視してしまうことになるのです。

本書の著者たちは、こういったコンテクストにそくした考察を展開すること、すなわちコンテクスト化という手順に従いつつ、実践の複合的な全体を解明するためには分析モデルが必要であると考えています。分析モデルは、歴史的条件、その国民社会に固有の論理、国民社会の特殊性をあきらかにできるものでなければならないでしょう。それには、国民社会のコンテクストにおける複数の次元の間の「まとまり」(cohérences)を強調する国際比較のパースペクティヴに立脚することが重要です。

こういった研究の手順において考察の焦点に据えられるのは、要因間の普遍的な関係の研究というよりも、複数の次元の間の「まとまり」です。しかし、この複数の次元の間の「まとまり」は、凝固した文化的特質ではなく、たえず構築、再構築される社会経済(socio-économie)として分析されるでしょう。

このような研究の姿勢は、私たち著者たちの独創なのではありません。それは、雇用と組織の問題領域で、M・モーリスの研究チームがフランスの経済労働社会学研究所(Laboratoire de l' Economie de la Sociologie du travail)を中心に展開してきた「社会分析」(analyse sociétales)というアプローチの研究の流れを継承するものです(Sellier, Maurice et Silvestre, 1982)。

この研究によって、複数の社会の要素の間の「まとまり」の重要性をあきらかにすることができたのですが、それらの要素は、本書では、簡単に、下記のように、二つの次元で考えてみたのです。

第一の要素は、個々人のトラジェクトリー、すなわち、しごとへのコミットメントと知識のアップデートの形成であり、そこにおいては、教育、雇用の結びつきの仕方が焦点となります。第二の要素は、しごとの関係であり、それは、組織のハイアラーキーの問題、および、平等、公平をめぐる問題の解決が焦点になります。

これら二つ要素が、それぞれの国民社会に特有の仕方で連結されて、「まとまり」が実現されるのであり、労働市場における需要と供給との対峙だけでは説明がつかないのです。言い換えれば、このような「まとまり」は、国民社会のコンテクストに特有なものであり、それによってこそ、通常の経済分析では考慮にいれられなかった現象を解明できるのです。

これら二つの要素について、日本とフランスとを比較してみましょう。まず、日本ですが、個々人のトラジェクトリーについては、学卒後、すぐに、正社員に採用され、同じ企業で、ずっと、しごとを継続するというのが、典型的と考えられてきました。また、しごとの関係についてみますと、チーム・ワークが強調され、労働組合は、企業内組合と言われているように、企業の正社員の利益を中心に、平等、公平の問題を解決しようとしてきました。これは、正社員、すなわち、その多数派は、男性ですから、男性中心でもある、と言えます。

日本の国民社会のコンテクストにおける、こういった企業中心の「まとまり」は、フランスの場合をみると、異なっています。フランスの国民社会のコンテクストにおいては、まず、個々人のトラジェクトリーは、教育により得られたディプロマが重要で、異なる企業において

表５－１　日本とフランスの「まとまり」の比較

| | プロフェッション | 企業 | 女性の参画 |
|---|---|---|---|
| 日本 | 0 | ＋＋ | 0 |
| フランス | ＋ | ＋ | ＋ |

＋＋：強く強調、＋ある程度強調、0：強調されない

も、ディプロマの価値は変わらない。それゆえ、正社員、すなわち無期限の雇用契約の人でも、企業を変え、中途採用は頻繁にあると言えます。また、しごとの関係についても、チーム・ワークよりは、ディプロマを基準にしたヒエラルヒーが重要であり、労働組合は、このヒエラルヒーを問題化するのですが、組織率は低下の傾向にあります。このような、フランスの場合の「まとまり」は、企業だけでなく、プロフェッションの原則が強調されているように考えられます。そして、女性のしごとへの参画は、日本より、進んでいると言えます（表5－1、参照）。

このようなアプローチは、歴史的、社会学的、経済学的な考察を、包括的な分析の枠組みへと結びつけることを可能にします。このような国民社会のコンテクストにおいて見出される「まとまり」に焦点を置くアプローチは、M・モーリスの研究チームによって、「社会分析」と呼ばれました。いうまでもなく、私たちは、その理論を適用するというよりも、むしろ、その理論を道標として用いるのです。

## 2．フランスは日本より効率を重視しているかもしれない

フランスの雇用モデルは、若者と、その家族に、学校教育をできるだけ延長することに、その特質がある。二〇〇五年においては、同一世代の高等学校までの中等教育を修了し、バカロレア（大学入学資格）を取得した者の八割が、さらに、なんらかの高等教育に進学している。フランスの特徴は、このような能力主義のコンヴェンションが、大きく、若者のしごとへの参加を、減少させてきた、と考えられます。

年齢コホートでみると、二〇〇五年の日本では、十五歳―二五歳では、四〇％以上が、なんらかのしごとをしている。二五歳から五四歳では、男性は九〇％をこえるのに対して、女性は、六五％程度である。ところが、五五歳―六四歳では、男性が八〇％以上、女性が四〇％以上が、しごとをしている（図5-1、参照）。

二〇〇五年のフランスの状況をみてみよう。十五歳―二五歳では、なんらかのしごとをしている人は四〇％未満であり、日本に比べると低い。二五歳から五四歳では、男性は九〇％を超え、女性は、男性より低いが、八〇％程度です。ところが、五五歳―六四歳では、男性、女性

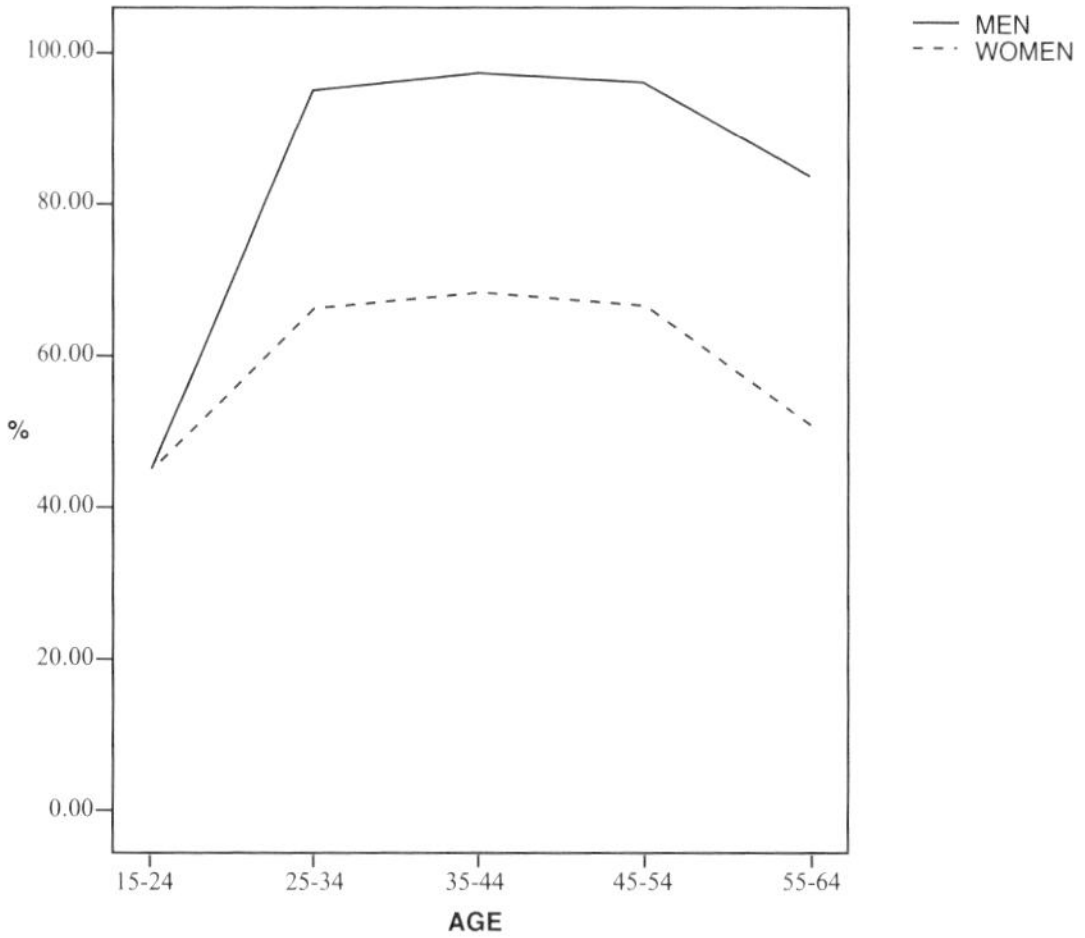


図 5-1　日本における労働参加率（OECD）

ともに、四〇%程度が、しごとをしている。日本の男性が、高齢になっても、しごとを続けている人がいるのに、フランスは早期退職していると言えます（図5-2、参照）。

日本とフランスとを比較すると、フランスのほうが、二十歳代半ばくらいまでは、教育期間であり、若者が資格取得に専念していると、言えます。フランスの、この特徴は、ポスト工業化社会としての特徴として、高度知識社会に適合的であると言えるでしょう。また、五五歳すぎて高齢になっても、日本の男性は、しごとをしているのですが、これは、日本の社会が、フランスに比べて、高度知識社会ではないからかもしれません。すなわち、若者、高齢者が、高度知識社会とは関係

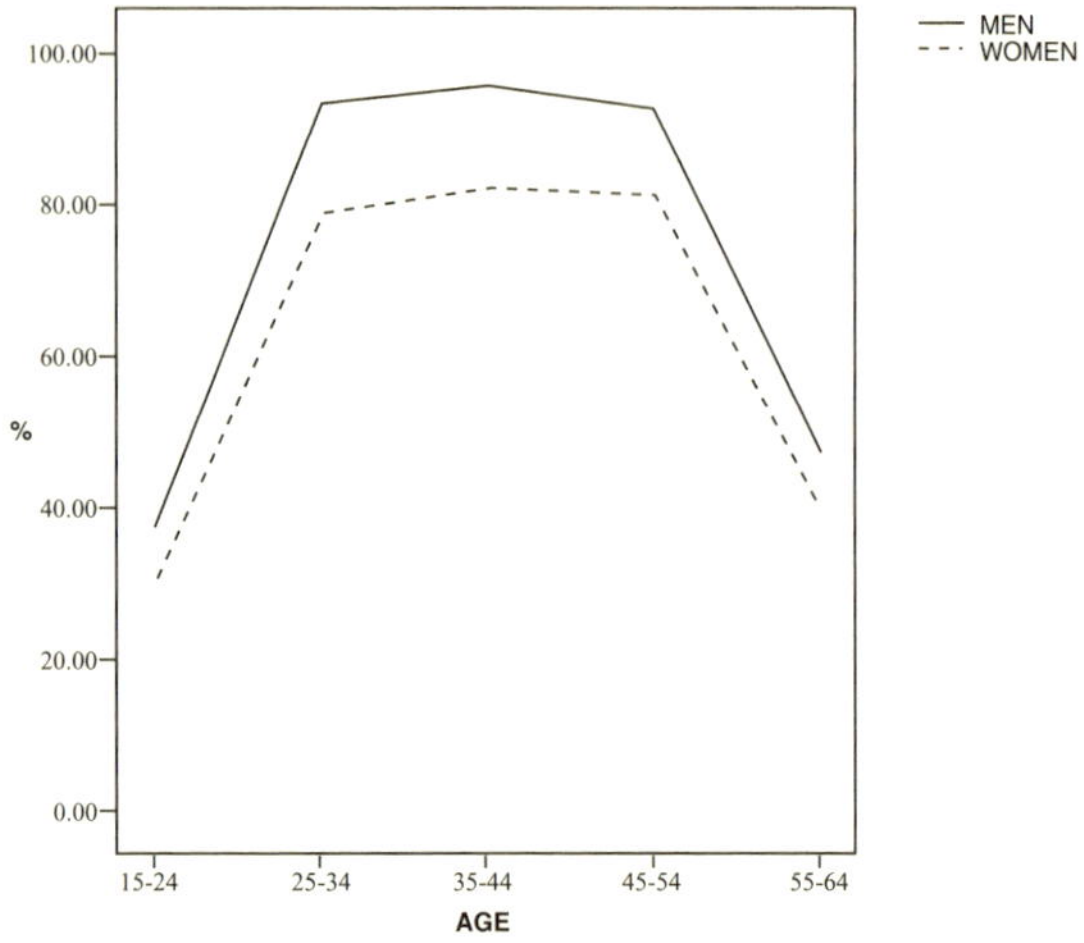

図 5-2　フランスにおける労働参加率（OECD）

のないセクター、すなわち、さまざまなサーヴィス部門で多くの人を雇用しているからかもしれません。

たとえば、日本はフランスに比較すると、外食産業が発展しています。フランス人は、日本のような安いファミリー・レストランはないので、高いレストランで、たまに、食事をするのです。また、警備などのサーヴィスセクターで、退職後の人を雇用するという慣行はなく、IT技術の導入を重視し、人員を、できる限り縮減して、効率化を図っているのです。日本は、警備業で、IT技術だけでなく、クライアントとの関係など、人のはたす役割を重視しているのでしょう。

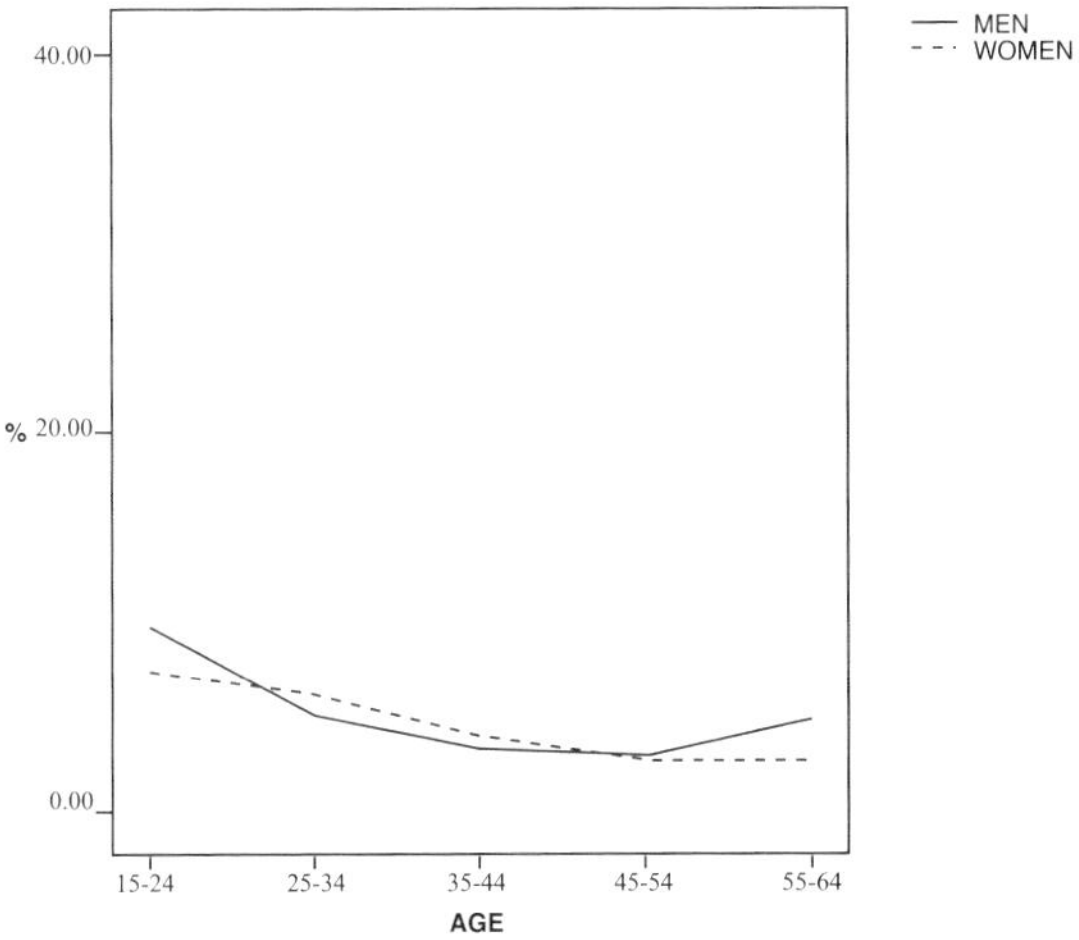


図 5-3　日本における失業率（OECD）

他方、失業率をみてみると、日本の場合、男女ともに、一〇%以下です。失業の定義は、しごとをしていないだけでなく、求職活動をしている、ということですから、日本の場合、女性は、しごとをしている人が少なくても、求職活動をしているわけでないことがわかります。すなわち、女性は、男性にくらべて、しごとをしなければならない、と考えてはいないのです（図5−3）。

他方、フランスの失業率をみてみますと、十五歳―二四歳の若者は、男女ともに高く、二〇%をこえています（図5−4）。これは、一方では、国の政策により、若者が、積極的に、資格を取得するだけでなく、求職活動をするようになっているからです。国の政策と

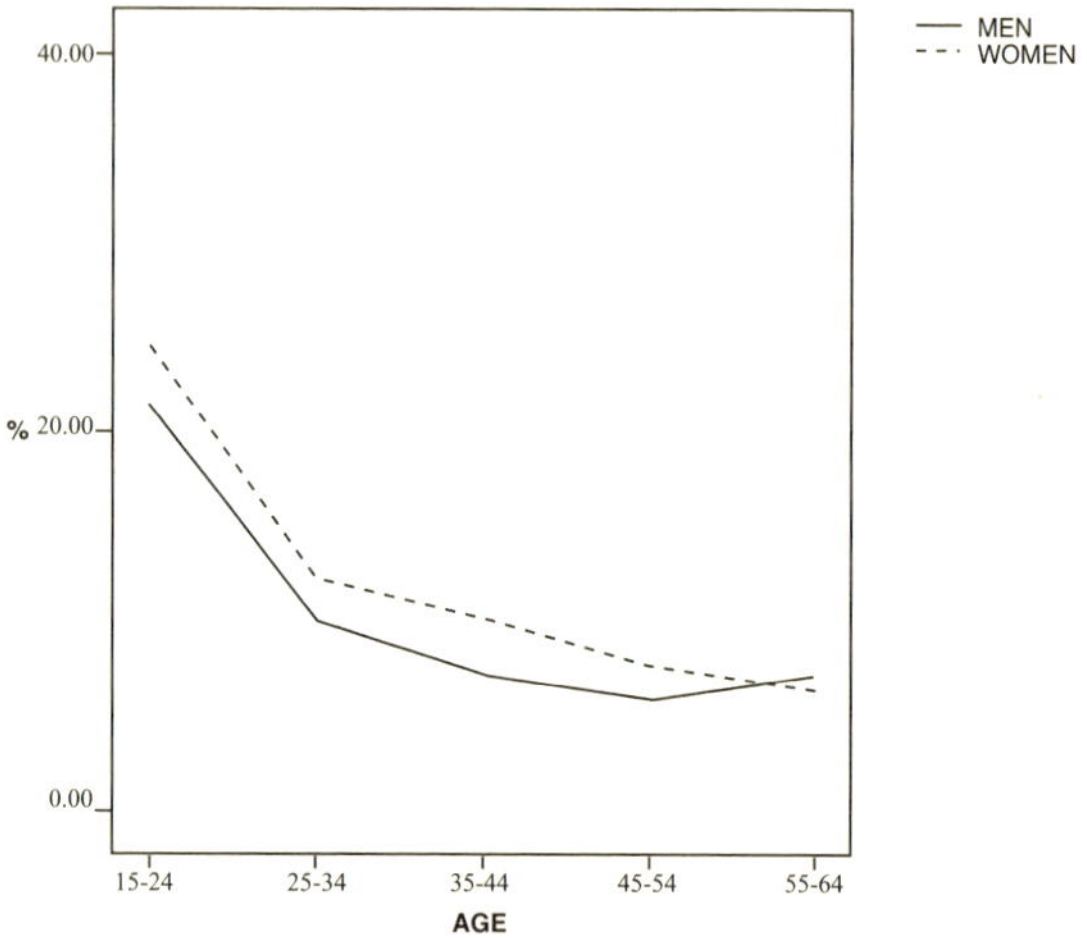


図 5-4　フランスにおける失業率（OECD）

しては、企業に国が助成金を出し、研修させることが、挙げられます。自動車販売のディーラーの資格も、国家による助成によっています。他方、一九七〇年代に、多くの移民が北アフリカから、製造業のための労働力として、フランスに定着し、その移民の二世、三世は、言語習得の問題から、学校教育からドロップアウトしてしまい、失業してしまう、ということが指摘されています。

# 3．プロフェッション化をめざすフランス
## ——若者、自動車販売、看護師

### ＊　若者就業支援

若者の場合、日本よりも、フランスでは、はやくから、学校卒業から安定した就業までに到達する間の社会統合の期間がみられるようになりました。この社会統合の期間とは、労働市場における個々人の異なった状況の連鎖といえるでしょう。すなわち、失業、期間限定契約の雇用（契約社員）、学校、助成による職業訓練、無業といった状況の連鎖です。フランスの若者のトラジェクトリーは、単純ではありません。若者は、期間限定ではない契約の正規雇用を得ることが難しくなってきています。若者の失業率は二〇％以上ですが、さらに若者の被雇用者の二〇％が期間限定契約の雇用に就いているのです。

日本においても、若者の一人ひとりが、ずっと、しごとをしないで、学校にも行かない、求職活動もしない、無業であるのではないでしょう。ジョブカフェに来る若者の多くは、あるときは無業でも、別のときには求職活動したり、短期契約のしごとをしたりしているわけです。

日本においては、ジョブカフェに来て、しごとをさがしている若者についてみられたように、大半は、高等学校を卒業して、大学、専門学校で教育を受けています。フランスでは、若者にとって、ディプロマを持っていることは、雇用へのアクセスを容易にすると考えられてきました。しかし、高い水準のディプロマを持っている人々でさえ、正規雇用へのアクセスが確かなわけではなくなってきているようです。バカロレアに加えて、二〇〇三年にプラス二年の教育のディプロマを取得した人の一四%が、翌年の二〇〇四年の一年間の間に少なくとも一度は雇用がない状況にあり、それ以上のディプロマを二〇〇三年に取得した人であると、そのうち一〇%から二〇%が、翌年の二〇〇四年の一年間ずっと、期間限定契約の雇用に就いていた、というデータがあります。

さらに、日本でも同様の状況がみられますが、ディプロマが安定した雇用をもたらすとしても、地位の下降という問題がある。地位の下降とは、若者が雇用に就く場合、彼が獲得したディプロマの水準よりも、その雇用が要求する教育水準が低い、ということです。言い換えれば、資格を要する雇用は、ディプロマよりも急速には増加しなかったのです。

学校から雇用にいたる移行の期間の問題に関して、フランスでは、一九七〇年代の「若者の雇用のための協定」以来、日本にはない、若者を援助する積極的な施策が実施されてきました。一九八〇年代においては、二六歳未満の若者の雇用の六％以上が、こういった「援助による契約」（contrat aidé）でした。これは、国家の助成金により、若者を企業が受けいれ、職業訓練を実施するというものです。これが、二〇〇〇年代では、二六歳未満の雇用の二五％以上に増加しているのです。

さらに、近年、「雇用の家」（Maison de l'emploi）が、労働省により、設置され、全国で二〇〇箇所以上におよんでいます。そこは、日本のジョブカフェ、また、若者サポートステーションと同じように、若者への就業支援の活動がアソシエーションに委託され、キャリアカウンセラーが、求職活動へのアドヴァイスをしたり、求職活動のためのセミナーを開催したり、しごとの紹介をしています。

＊ 自動車販売のディーラー

日産販売のカーライフアドヴァイザーについてみましたが、ここでは、ルノー販売グループ（Renault Retail Group）の場合をみてみましょう。このグループには、五八の企業があり、一企業あたり六〇人から三〇〇人、全体で八三〇〇人の販売のディーラーがいます。これに、フランス全体で、三〇〇〇〇の、地域社会に密着した小規模の代理店があり、これらは、一〇人程度の従業員で、ルノー販売グループには属さない、独立の企業がある。これらの代理店を拠点に、ルノー販売グループのディーラーは、クライアントに接し、販売することになります。こういったルノー販売グループの企業と多数の代理店との二重構造のネットワークが、日本の場合と異なる点です。また、これとは別に、ショールームのある店で、クライアントと接して販売しています。

ディーラーになるには、二六歳未満の若者で、バカロレアないしは、バカロレアにプラス二年間の高等教育を修了している人が望ましいとされています。採用試験をとおして、販売の教育の学校に入学することになります。これは、最低賃金の給料で、企業の現場で働きながら、研修センターで学ぶようになっている教育システムです。この教育システムは、企業、労働組合、国家の間に成立している協定によってさだめられた、「プロフェッション化の契約」(contrat de professionnalisation) というシステムによっているのです。国家の助成金により、一年間の研修をへて、ディプロマ (titre de vendeur automobile) が、あたえられるのですが、このディプロマは、異なる企業で通用するものとなっていて、正規雇用として採用されるのが一般的です。それゆえ、ルノー販売グループでの研修を受けても、ディプロマ取得後、他の企業グループ、たとえば、シトロエン、プジョー、フォルクスワーゲンで採用される人もいます。言い換えれば、正規雇用であっても、同じ会社で勤務を継続するということは、前提にされていないのです。

ルノー販売グループで勤務してから、他の自動車企業に勤務先を変えることもあります。このような、自動車販売のしごとは変えなくても、勤務先の会社を変更することが、比較的多く、その比率は、毎年一〇%と言われている。さらに、自動車販売以外のしごとへの変更をふくめると、全体の転職率は二〇%であると言われています。それゆえ、自動車販売の年齢構成は、若くなっており、中心になっているディーラーは、三〇歳未満です。日本のカーライフアドヴァイザーでは、三〇代から四〇代の年齢の人たちが中心になっていることと対照的です。

日本と同様に、ディーラーは、男性が多いのですが、日本では女性の比率が一〇%であるのに対して、フランスでは、女性の比率は増えており、二〇%と言われています。女性のクライアントが、自分自身で車を購入することが多くなっているのですが、やはり、女性のクライアントに対しては、女性のディーラーのほうが、相性がいいようです。女性は、代理店でのクライアントとのコンタクトをとるより、ショールームでの販売が多いようです。労働時間は、日本より少なく、週三七・五時間程度であり、労働時間が少ないと、女性が働くことが容易になります。しかし、自動車販売の場合、労働時間を推定することは難しいようです。

ディーラーとクライアントとの関係の継続は、日本より重要ではないようです。ルノーの車を購入したクライアントが、ずっと、ルノーの車を購入するとは限らないのです。クライアントは、車という製品について、ディーラーからよりも、インターネット、雑誌からの詳細な情報を得るようになってきています。クライアントにとっては、製品の価格が、ディーラーとの関係の継続より、はるかに重要なのです。また、ディーラーの他の会社への転職率が高ければ、ディーラーとクライアントとの関係の継続は難しくなると言えるでしょう。

ルノー販売グループにおける労働組合への加入率は、一〇％以下です。一般的に、フランスの労働組合は、フランス社会党系の労働組合（CFDT）が多いのですが、日本の企業内組合のように企業ごとに組合をつくるのではなく、職種ごとに組合をつくっています。そして、日本のように組合費というものは原則としてなく、国家の助成によって組合が運営されています。労働組合への加入率は、日本の企業内組合に比べると低いが、自動車のディーラーは、とくに、個人主義で、労働組合への関心は高くないと言えます。

労働組合による要求ですが、労働時間より、主として給料です。給料は、基本給に加えて歩合ですが、大部分の若いディーラーは、年収二五〇〇〇ユーロであり、五〇歳くらいの経験者のなかには、四〇〇〇〇ユーロになる場合もあります。年収についてみれば、勤務年数が少ないことを顧慮しても、日本のディーラーより、低めであると言えるでしょう。

## ＊ケア労働の場合

しごとについて、ジェンダーは、重要な要因として考えなければならないでしょう。女性は、男性より、より頻繁に雇用がない状況にあるし、無期限契約の雇用（正規雇用）の安定した状況になることが少ないと言えます。国家による若者の雇用の施策がもたらす帰結が、ジェンダーに中立であるわけではなく、施策が効果的であるとすれば、それは、男性に対してです。

しかし、フランスにおいては、女性は、商業的領域というより、むしろ、社会・医療、あるいは、個人へのサーヴィス、すなわちケアの領域に志向することが多く、公共セクターとしての病院医療では、看護師は、安定した雇用を得ることができるようになったと言えます。

看護師になるには、バカロレアを取得後、三年の教育期間の看護学校に試験をへて入学し、国家資格である看護師のディプロマを取得することが必要です。

他方、看護助手になるには、数ヵ月間、勤務しながら研修を受けて看護助手の国家資格を取得することが一般的です。看護助手の五年の経験があれば、バカロレアがなくても、看護学校の入学試験を受験できます。また、看護師になる場合、五年間、アシスタンス・ピュブリックの病院で勤務する契約をすれば、授業料が免除され、看護学校の教育期間の三年間、最低賃金レヴェルの給与が与えられます。

このようなことが可能になったのは、フランスの病院のほとんどが公立病院であり、民間病院ではないからであると言えます。とくに、パリのアシスタンス・ピュブリックという公立病院のグループは、先端医療をになう大学病院のグループです。

ほかに、管理職や、手術室専門の資格取得のためには、看護師としての経験と一年半の管理職教育が必要です。

労働時間は、日本の病院看護師に比べると、はるかに少なく、現在、週の所定労働時間は三五時間と短縮されていて、結婚して子供がいても、しごとを続けることが容易なのです。

最近の新しい資格の形成として、がん、ストーマ、精神科、などの専門領域での相談、指導を行う看護師、日本では専門看護師と言われている資格が、フランスでも留意されるでしょう。これは、看護の専門分化であり、看護のプロフェッションの承認であると言えます。医師の技術的な言語での説明だけでなく、患者の生活についての言語の説明が重要になるでしょう。これらの資格は、病院での勤務しながらの研修という形態であり、ディプロマは病院で付与されるが、アソシエーションにより全国レヴェルで承認されています。

さらに、パリにおけるアシスタンス・ピュブリックの病院では、医師の専門を中心にセクションが分割され、そこで看護師が経験によって、医師とのチーム・ワークをつくってきました。医師からみると、自分たちの専門のセクションの看護師は、「私の看護師」と言われていたのです。これは、医師の技術の看護師への委譲が重視されてきたことと対応しています。

ところが、複数のセクションを、関連し合うものとして統合し、「ポール」(Pole) という組織に再編成する、という試みがされてきています。これは、たとえば、消化器内科、消化器外科、がん科、というように関連するセクションを一つにまとめようとする試みです。これによると、医師の間のチーム・ワークも広がる。看護師は、狭いセクションに閉じ込められることがなくなり、広く経験を積み重ね、コンピテンスを獲得できるのです。患者のトラジェクトリー全体を、広く統合された組織でケアを継続的に行うことができます。

さて、フランスのモデルは、日本の場合を考察するのに、意味があるのでしょうか。言い換えれば、フランス・モデルは、日本に取りいれることができるのでしょうか。フランスの状況を日本において、そのまま実現するのは無意味ですが、以下のように、フランスのモデルは、雇用の柔軟性、フレキシビリティという点から、参考になるかもしれません。すなわち、会社中心ではなく、自分さがしも可能となる、モデルを考えるヒントになるのかもしれません。

①フランスは、高度知識社会を実現するために、教育に、国家が投資してきました。高等教育への国家の投資は、たとえば、大学の授業料が無料なことをみれば、わかりやすいでしょう。若者の社会統合のための、さまざまな資格を得るための職業研修への助成も、国家による施策なのです。自動車販売のディーラーの養成のための学校も、一例です。

②他方、フランスは、女性のしごとへの参加が、男性と同じように、高い社会です。これは、医療、社会福祉などの、公共セクターに、顕著です。二〇世紀後半、看護師の教育は、国家の施策により、充実しました。そして、労働時間の短縮とともに、しごとの継続が容易になり、安定した雇用となり、地位が向上しました。

③フランスは、教育によって得られるディプロマと、雇用とが、関連づけられています。この意味で、企業をこえた、人々の移動、フレキシビリティが可能なのです。日本が、企業内に正社員の移動が限定されている傾向にあり、これが、これから維持することが難しくなると、ある程度、フランスのようなフレキシビリティの可能性について考える必要があるかもしれません。

④また、男女のしごとへの参加を考えるとき、日本の場合、フランスのように、労働時間を短縮しないと、男女の平等は実現しにくいでしょう。また、高度知識社会では、労働時間が長くても、効率的ではない、と考えられます。日本のような、男性が正規の社員で、安定した雇用にあり、女性が非正規社員で不安定の雇用にある、という格差は、男性のなかにも、女性と同じような状況に置かれる人たちが増えてきて、問題にされてきました。

(レア・リマ＋フランソワ・サルファティ＋ピエール・フレデリック・ギヨ＋マリーズ・ブーロンニュ・ガルサン、原山哲訳)

**文献**


OECD, Labour Force Statistics 1985-2005,2006 OECD publishing.

# あとがき

## ――パッションの復権

本書は、日本での、いくつかの調査研究をまとめたものですが、フランスとの比較を考慮にいれれています。私たちは、調査研究を実施するにあたって、日本もフランスも、労働市場が大きく変化しているという認識から出発しました。

目に見えやすいレヴェルでは、こういった変化は、雇用の状況や、人々の移動、とくに雇用のフレキシビリティの増大の点から観察されます。たとえば、失業が増加しているだけでなく、失業の期間が長くなっています。一九九〇年代までは、雇用は、その安定性が保証されていたのですが、いまでは、労働市場における人々の移動は規範となっていると言えます。

こういった現象は、政府が広範囲で実施することで得られる統計数値で確認できるのですが、私たちの調査研究が焦点をおいたのは、人々の期待や、その言語的表現についての質的分析です。

これまでの支配的なコンヴェンション（協約）は、とくにモノツクリの技術の産業においてみられるように、安定雇用によって特徴づけられてきました。日本では、この雇用の安定性は、学校、大学、企業が一致して考えられる社会の理想に基づいていたと言えるでしょう。他方、フランスでは、安定性というのは、公共部門や公共企業にかぎられたモデルです。どれだけ実現できるか否かはともかくとして、日本でもフランスでも、不確実性を減らし、だれもが将来のキャリアを企図できるようにすることが望ましいという、安定性について、一致したコンヴェンションがなくてはなりません。

コンヴェンションとは、人々の相互の期待の一致からなるシステムです。コンヴェンションが成り立つとすれば、それが、しごとが社会を形成する基盤であるという、しごとについての集合的な考えに依拠しているからです。

私たちがあきらかにした、自分さがしという個人主義の出現、「ネットワーク」の関係をつくる必要性は、この従来の安定性というコンヴェンションが弱体化していることを示しています。すなわち、新しいゲームの規則は、だれもが「自分だけでの企業家」になるようにしむけているのです。

若者が労働市場に参入し、キャリアをつくるために、彼ら（彼女ら）がもつべき、新たな能力は、さまざまな産業セクターによって、また、そのときどきの経済状況によって、多様化しています。こういった状況での能力は、「**認知的**」なものです。というのは、人々は、たえず進化している企業内、企業外の労働市場のゲームの規則に適応しなければならないからです。つまり、人々は、労働市場、その需要と供給の関係、継続教育の機会などの状況について、自分自身で、解読することが重要となります。さらに、男性も女性も、家族、および、しごとについて、社会保障制度によって提供される利点を考慮しながら、自分自身で、人生を計画していかなければなりません。実際、雇用されたり、失業したり、パートタイムのしごとに就いたり、といった、異なる状況の連鎖を考えると、人々のキャリアは、連続的なものではなくなっているのです。このような状況において、しごとに必要な知識のアップデートを、適切におこなうことが重要になってきているのです。さらに、給与だけでなく、しごとの望ましい状況についての問題は、労使交渉による集合的解決の問題というだけでなく、個人のトラジェクトリーの問題となっていると言えるでしょう。

しかし、留意すべきことは、いまや、もつべき能力は、しごとへの「**パッション**」(情熱)をとりもどすことに依拠している、ということです。それは、移動をともなうフレキシビリティが増大するなかで、しごとでの人間関係のネットワークという、これから支配的になるであろう価値を、個人の心理の観点から言い換えたものです。事実、雇用する側は、雇用される側について、ディプロマ（卒業資格）だけによって判断できず、あたらしい雇用やしごとの条件に適合できる能力を重要視します。たとえば、フルタイムとパートタイムとの間のローテーション、それに、勤務による地理的移動、および職務上の移動を、雇用される側が、たやすく受け入れる、ということだけでなく、チームワークやクライアントとの関係のネットワークをつくろうとする、ということです。こういった状況においては、雇用される側のパッションは、雇用する側への積極的なシグナルです。しごとをしている人々、これから雇用されようとする人々は、ディプロマや資格をもっているだけでなく、こういったパッションをもっている、ということを示すことができなければならないのです。

これまで言われてきたように、パッションは、反対に、しごとに邪魔なものとして、しごとをする人々を理性から遠ざけてしまうことがあるかもしれません。ですから、要は、難しいかもしれませんが、パッションを邪魔なものとしてではなく、パッションを資源として活用することなのです。これから、資源としてのパッションは、しごとをする人々を導くものとして、再評価する必要があるかもしれないのです。

ディプロマが過剰になっている分野や、ディプロマが絶対的ではない分野では、このパッションがあるかどうかが問題になります。人間関係の資質、「自己犠牲」の精神、自発性、こういった能力は、生まれつきというわけではなく、家族、学校、職場で獲得されるものであることは言うまでもありません。

このようにみると、現在の社会の変化は、これまでの不平等を、労働市場においてだけでなく、社会全体において、問いなおしている、と言えます。ジェンダーの観点からみてみると、日本は、一九八〇年代以前においては、女性の雇用としごとは、男性とは決定的に異なっていました。日本は、フランスと比較すると二〇年のずれはありましたが、類似の方向に変化しています。すなわち、女性は、より安定した雇用、より地位の高いしごとを望むようになってきていますが、男性は、反対に、しごとのフレキシビリティに適合した行動をとるようになってきているのです。こういった変化は、おそらく、好ましいといえるでしょう。しかし、このようなジェンダーにおける同質化とともに、労働市場において、人々の文化変容のしかた、経験の獲得のしかたは、過去に比べると、カオスともいえる状況になっているのです。

以前のコンヴェンションにおいては、学校と職場とは、世代間において再生産される社会階級への帰属と結びついた不平等を解消することが重要視されました。つまり、だれもがディプロマや職業の専門化を獲得することで、社会的上昇ができるようにすれば、社会階級の不平等を減少することができると考えられたのです。現在の社会変化においては、文化資本を基軸にした社会階級は、不平等を確定する唯一の条件ではなく、それとともに、P・ブルデューが言うような会社を中心とする社会関係資本（capital social）が重要になっていると考えられるかもしれません。

しかし、P・ブルデューの言う社会関係資本とは、いわゆる人脈ですが、ある人が、会社のなかで下位のポジションから上位のポジションに選抜されるさい、上位のポジションを占めている人との人脈で有利になるということです（P・ブルデュー『ディスタンクシオン』一九九〇年）。言い換えれば、昇進は、上位のポジションの人との人脈がはたらくということです。これは、本書で議論してきたネットワークとは違うものです。チームワークは、上位のポジションの人への「ごますり」ではないし、こういった「ごますり」をしていても、クライアントとの関係はよくなりません。むろん、それは、自分さがしの人間関係をつくることとは違うのです。クライアントを無視して、あるいは、自分を殺して、上司に気に入られようとする人が増えれば、しごとは破滅するでしょう。

それゆえ、教育と雇用にかかわる伝統的な行為主体（学校、雇用者、労働組合、行政）が取り組まなければならないのは、まず、こういった不平等がつくられる状況について、あきらかにすることです。こういった不平等に対して闘うことには、これまでのように、ディプロマの種類を増やしたり、それらのディプロマの水準を高めたり、取得する人々を増加させたりすることではないでしょう。ですから、教育政策は、個々人の多様なキャリアを統合し、個々人が、不確実なしごとと生活とを予測できるように支援し、そのうえで、しごとへのパッションを、しごとにとって邪魔なものとしてではなく、資源として活用できるようにすることでなければならないでしょう。

（フィリップ・モッセ、原山哲訳）

## 執筆者紹介

### ＊編　著　者

伊藤　朋子　笹川日仏財団東京事務局次長、フランス・オペラ、フランス地方政治などの紹介を推進。

井部　俊子　聖路加国際病院副院長・看護部長をへて、日本看護協会副会長、聖路加看護大学学長。

原山　　哲　フランス政府給費留学生としてパリ高等師範学校留学、東洋大学教授。

フィリップ・モッセ (Philippe MOSSÉ)　フランス労働経済社会学研究所 (LEST)、国立科学研究所（CNRS）主任研究員。

### ＊著　　者

奥　　裕美　聖路加看護大学助教をへて、聖路加看護大学博士後期課程。

中村　哲也　自動車総連（日産労連）東京地方協議会議長。

ピエール・フレデリック・ギヨ (Pierre-Frédéric GUILLOT)　ルノー販売グループ労組代表。

フランソワ・サルファティ (François SARFATI)　フランス国立芸工院 (CNAM) 准教授、国立科学研究所（CNRS）研究員。

マリーズ・ブーロンニュ・ガルサン (Maryse BOULONGNE-GARCIN)　前パリ・ポンピドゥー病院看護部長。

レア・レマ (Léa LIMA)　フランス国立芸工院（CNAM）准教授、国立科学研究所（CNRS）研究員。

しごとの仕方の新時代――格差をこえる男と女

2010年10月20日　初版第1刷発行

編著者　伊藤朋子
井部俊子
原山哲
P．モッセ

発行者　木村哲也

・定価はカバーに表示　印刷　新灯印刷／製本　新灯印刷

発行所　株式会社　北樹出版

http://www.hokuju.jp

〒153-0061　東京都目黒区中目黒1-2-6

TEL：03-3715-1525（代表）　FAX：03-5720-1488



ISBN　978-4-7793-0250-3

（乱丁・落丁の場合はお取り替えします）